El Imperio incaico

Un apasionante repaso a los incas, su civilización en el antiguo Perú y la conquista española

© Copyright 2023

Todos los derechos reservados. Ninguna parte de este libro puede ser reproducida de ninguna forma sin el permiso escrito del autor. Los revisores pueden citar breves pasajes en las reseñas.

Descargo de responsabilidad: Ninguna parte de esta publicación puede ser reproducida o transmitida de ninguna forma o por ningún medio, mecánico o electrónico, incluyendo fotocopias o grabaciones, o por ningún sistema de almacenamiento y recuperación de información, o transmitida por correo electrónico sin permiso escrito del editor.

Si bien se ha hecho todo lo posible por verificar la información proporcionada en esta publicación, ni el autor ni el editor asumen responsabilidad alguna por los errores, omisiones o interpretaciones contrarias al tema aquí tratado.

Este libro es solo para fines de entretenimiento. Las opiniones expresadas son únicamente las del autor y no deben tomarse como instrucciones u órdenes de expertos. El lector es responsable de sus propias acciones.

La adhesión a todas las leyes y regulaciones aplicables, incluyendo las leyes internacionales, federales, estatales y locales que rigen la concesión de licencias profesionales, las prácticas comerciales, la publicidad y todos los demás aspectos de la realización de negocios en los EE. UU., Canadá, Reino Unido o cualquier otra jurisdicción es responsabilidad exclusiva del comprador o del lector.

Ni el autor ni el editor asumen responsabilidad alguna en nombre del comprador o lector de estos materiales. Cualquier desaire percibido de cualquier individuo u organización es puramente involuntario.

Índice

INTRODUCCIÓN 1
PRIMERA PARTE: ORÍGENES Y DESARROLLO 4
   CAPÍTULO 1: LOS ANDES ANTES DE LOS INCAS 5
   CAPÍTULO 2: LA FUNDACIÓN DE CUZCO 10
SEGUNDA PARTE: VIDA SOCIAL Y POLÍTICA INCA 20
   CAPÍTULO 3: ORGANIZACIÓN POLÍTICA, LEYES Y
   ADMINISTRACIÓN 21
   CAPÍTULO 4: LA AGRICULTURA INCA 35
   CAPÍTULO 5: LA COCINA Y LA DIETA DE LOS INCAS 40
   CAPÍTULO 6: ARTE Y CIENCIA 43
   CAPÍTULO 7: DEMOGRAFÍA Y RELIGIÓN 54
TERCERA PARTE: LA EXPANSIÓN Y LA CONQUISTA ESPAÑOLA ... 65
   CAPÍTULO 8: EXPANSIÓN HACIA EL NORTE 66
   CAPÍTULO 9: RUMBO AL SUR 72
   CAPÍTULO 10: LA LLEGADA DE PIZARRO 74
   CAPÍTULO 11: LA GUERRA CIVIL INCAICA 78
   CAPÍTULO 12: LA MUERTE DE ATAHUALPA 84
   CAPÍTULO 13: LA ÚLTIMA BATALLA DE LOS INCAS 89
CONCLUSIÓN 97
FECHAS BÁSICAS DE LA HISTORIA INCAICA 100
GLOSARIO 103
VEA MÁS LIBROS ESCRITOS POR ENTHRALLING HISTORY 106
BIBLIOGRAFÍA 107

Introducción

El Imperio inca fue el mayor imperio que ha conocido Sudamérica. El *Tahuantinsuyo*, la «tierra de los cuatro cuartos», se extendía unos 3.000 kilómetros a lo largo de la costa occidental del continente, desde lo que hoy es Ecuador hasta Chile en su apogeo.

Cuando la mayoría de la gente piensa en los incas, piensa en Machu Picchu, la ciudad en la cima de una montaña descubierta por Hiram Bingham en 1911. Pero el Imperio inca era mucho más que eso, y eso es lo que se propone explicar este libro.

Lo sorprendente es que este imperio se creó en un entorno muy poco prometedor. A diferencia de los aztecas, que tenían la ventaja de estar asentados en una de las zonas más fértiles de Mesoamérica, los incas heredaron una tierra de montañas escarpadas. La estación de crecimiento era corta y las zonas aptas para el cultivo limitadas. El terreno es tan difícil que solo recorrer veinte millas podía llevar días. Los incas no tenían hierro ni caballos. Nunca descubrieron la rueda y no tenían sistema de escritura, sin embargo, construyeron un inmenso imperio.

Y este imperio creció de la nada en solo cincuenta años. Sin embargo, solo duró cien años en total. Aunque los incas se remontan al año 1200 de nuestra era, durante mucho tiempo no fueron más que una pequeña tribu entre otras. Su ascenso al poder fue dramáticamente repentino, y su caída fue igual de dramática. Y lo que es aún más asombroso, es posible que hubiera tan solo cuarenta mil incas de pura cepa gobernando un imperio de hasta doce millones de personas.

Este libro mostrará toda la historia del Imperio inca, empezando por cómo surgieron los incas y terminando con la lucha contra la ocupación española. También hablará de cómo se organizó y administró el imperio, de las artes y oficios de los incas y de los avances agrícolas que permitieron alimentar a una población creciente y, lo que es más importante, abastecer a los ejércitos que el imperio necesitaba para sus conquistas.

Esta completa guía también echará un vistazo a la sociedad incaica, muy diferente de la nuestra en cuanto a su organización, y a la religión inca. Aunque los incas tenían deidades similares a las de otros pueblos andinos, refinaron su ideología religiosa para apoyar los objetivos del imperio.

La historia incaica puede resultar confusa. Hiram Bingham la llamó «un laberinto de dudas y contradicciones»[1]. Los incas no disponían de un sistema de escritura (al menos, no de la forma que se podría pensar), por lo que nuestras pruebas de la historia incaica antes de la llegada de los españoles proceden de relatos que se escribieron posteriormente. Estos pueden incorporar tradiciones de la historia oral, mitos o relatos de testigos presenciales, pero también incluyen diversos sesgos de historiadores españoles que pretendían justificar la colonización o de diversos clanes y facciones incas. Otros datos proceden de los censos coloniales, el ejército, las creencias religiosas y los registros fiscales, pero en la época en que se registraron la mayoría de estos datos, los incas y otros pueblos del imperio ya se habían visto afectados por cambios culturales, y los españoles no siempre diferenciaban entre los incas y los pueblos sometidos.

Otra confusión es que «inca» puede referirse tanto al pueblo inca como al inca, su gobernante. Para minimizar la confusión, en este libro se hace referencia al gobernante con el título completo de Sapa inca («Inca único»).

Algunos historiadores caracterizan a los gobernantes incas como perezosos, agresivos o innovadores porque se han centrado en una fuente seleccionada que tiene un cierto sesgo. En este libro se intentará evitar estos sesgos y distinguir claramente lo que es cierto de las posibles interpretaciones. También se tendrá en cuenta que las fechas anteriores a la ocupación española son siempre aproximaciones.

---

[1] Bingham, Hiram. *Inca Land: Explorations in the Highlands of Peru*. 2003.

Muchos nombres son similares, y en muchos se utilizan palabras como Yupanqui («honorable») o Cápac («real»). El hecho de que los incas tuvieran nombres distintos para la infancia y la edad adulta y, en el caso de los gobernantes, un nombre de reinado distinto, también puede crear confusión. Yáhuar Huácac («llorón de sangre») era el apodo y el nombre de reinado de Titu Cusi Huallpa, y Atahualpa es conocido por su nombre original en lugar de por su nombre de reinado Caccha Pachacútec Inca Yupanqui.

La ortografía también puede ser un problema. El nombre del gobernante Huayna Cápac también se escribe Guayna Capac, Guayna Cápac, Huain Cápac, Guain Cápac, Guayana Cápac, Wayna Kapa, Wayn Cápac, Wayana Qhapaq, Wayna Kapak, Wayna Cápac y Wayna Qhapaq. En este libro se utilizará la grafía más común. (*Hu* se pronuncia como una *w*, por lo que Huácac se pronuncia «wakak»).

Este libro también se beneficia de investigaciones relativamente recientes sobre los incas y su mundo, utilizando hallazgos arqueológicos recientes y etnología (comparaciones de las costumbres incas con las de las sociedades andinas modernas). El estudio del Imperio inca es una disciplina relativamente reciente. Mientras que la arqueología y la historia de griegos y romanos estaban bien establecidas en 1900, dos de los descubrimientos fundacionales de los incas no se hicieron hasta el siglo XX. El manuscrito de mil páginas de Guamán Poma, con ilustraciones de la vida inca, se descubrió en 1908, y Machu Picchu en 1911.

Aún más recientemente, se han encontrado momias de niños sacrificados en las cumbres de las montañas, y varios cementerios con un gran número de cuerpos momificados. El buen estado de conservación de estos cuerpos, junto con los tejidos y otros artefactos asociados a ellos, permite a los arqueólogos ampliar enormemente nuestros conocimientos sobre la vida y las costumbres incas.

Sin embargo, no hay que preocuparse por todas las dificultades que entraña la historia incaica. Pase al capítulo siguiente y se hará una idea de cómo evolucionaron los incas, de la historia y las costumbres de su imperio y de la influencia incaica que sigue ejerciendo hoy en día en Sudamérica.

PRIMERA PARTE:
ORÍGENES Y DESARROLLO

Capítulo 1: Los Andes antes de los incas

A los incas les gustaba presentar su imperio como la primera y única verdadera civilización del altiplano peruano. Antes de ellos, solo había bárbaros. Cuando Manco Cápac fundó el Imperio inca, la paz, la prosperidad y la civilización llegaron a la capital inca, Cuzco.

De hecho, cuanto más aprendemos sobre la región andina prehistórica, más nos damos cuenta de que los incas fueron solo la última de una serie de civilizaciones. Hubo al menos dos grandes civilizaciones antes que ellos, que se expandieron rápidamente y luego volvieron a fragmentarse de repente. Los arqueólogos han definido una serie de horizontes y periodos intermedios conocidos como la cronología de Rowe-Lanning.

Periodo	Fechas	Culturas
Período precerámico	Hasta 1800 a. e. c.	
Período Inicial	1800-900 a. e. c.	
Horizonte Temprano	900-200 a. e. c.	Chavín, Paracas

Periodo	Fechas	Culturas
Período Intermedio Temprano	200 a. e. c.-600 e. c.	Moche, Nazca
Horizonte Medio	600-1000 e. c.	Tiahuanaco, Huari
Período intermedio tardío	1000-1438 e. c.	Chimú, Chancay
Horizonte Tardío	1438-1532	Inca

La cultura chavín se desarrolló en la sierra norte de Perú alrededor del año 1000 o 900 a. e. c. Chavín de Huántar, que pudo ser su capital, ha sido excavada, mostrando evidencias del uso de canales de drenaje e irrigación, así como del uso de rocas de diferentes zonas. La cultura chavín desarrolló la orfebrería, incluyendo el uso de la soldadura. También domesticaron llamas, que fueron utilizadas como animales de carga, al igual que por su lana y por su carne.

La cerámica antropomorfa de la cultura Chavín muestra serpientes, águilas, gatos y otros animales.

La cultura paracas comenzó un poco más tarde que la Chavín. Es más conocida por un gran cementerio llamado las cavernas de Paracas, que muestra evidencias de que sacaban las cabezas de los difuntos y luego las volvían a enterrar, así como la creación de «fardos momia», que contenían el cadáver sentado, ropa, adornos y armas dentro de las envolturas. Esta es la primera evidencia de una práctica que llegaría a ser importante para los incas. Como muchas otras culturas andinas (aunque no la inca), los paracas practicaban el aplanamiento de cráneos, atando las cabezas de los niños a tablas para que sus cráneos crecieran con una forma determinada.

Tanto la cultura paracas como la chavín muestran evidencias de sofisticadas técnicas de tejido. Es evidente que la especialización artesanal ya había comenzado con la cultura chavín, y que se acentuó en culturas posteriores.

Alrededor del año 200 a. e. c., la civilización nazca se desarrolló en el sur de Perú. Cultivaban intensivamente los estrechos valles fluviales de la región y utilizaban la irrigación, incluidos acueductos subterráneos. Sus aldeas se situaban siempre por encima del valle, en la tierra árida y sin cultivar; el terreno agrícola era demasiado valioso para utilizarlo como vivienda. Construyeron pirámides en Cahuachi, su centro ceremonial, y utilizaron cabezas enemigas como trofeos. (Los centros ceremoniales de la primera época solían servir a una amplia zona de pequeñas comunidades y no contaban con una gran población residente). Los nazca también enterraban a sus muertos como momias envueltas en textiles con una selección de ajuares funerarios.

La cultura nazca creó los célebres geoglifos, enormes dibujos rupestres trazados en el desierto.

La cultura moche habitó la costa norte de Perú y probablemente estaba formada por varias naciones separadas que compartían una cultura común, más que por un único estado. La cultura moche parece haber comenzado alrededor del año 100 de nuestra era y duró seiscientos años. Al igual que los nazca, utilizaban sistemas de irrigación que permitían una agricultura intensiva. Su tierra se fertilizaba con guano (excrementos de aves marinas), que recogían de los acantilados costeros o de las islas mar adentro.

La cultura moche creó cerámicas muy características, naturalistas y llenas de vida, que mostraban escenas de la vida, como la caza, la pesca, la lucha y diversas actividades sexuales. También realizaron sofisticados trabajos de orfebrería. Los moche construyeron estructuras piramidales de adobe, como la Huaca de la Luna, cerca de la actual ciudad de Trujillo; en este yacimiento hay numerosas pruebas de sacrificios humanos.

En el Horizonte Medio surgieron dos grandes culturas: Tiahuanaco (Tiwanaku) y Huari (Wari).

La cultura Tiahuanaco estaba asentada en la orilla sur del lago Titicaca, en la actual Bolivia, y contaba con la tecnología de construcción más avanzada de Sudamérica hasta el momento. La Puerta del Sol, situada cerca del lago Titicaca, era una puerta hecha de un único monolito de diez toneladas ampliamente tallado. También se han encontrado plataformas escalonadas y montículos con plataformas en terrazas.

La Puerta del Sol de Tiahuanaco

Pavel Špindler, CC BY 3.0 <https://creativecommons.org/licenses/by/3.0>, vía Wikimedia Commons.
https://commons.wikimedia.org/wiki/File:Slune%C4%8Dn%C3%AD_br%C3%A1na_-_Puerta_del_Sol,_Tiwanaku_-_panoramio_(1).jpg

Los tiahuanacos desarrollaron un sistema de campos elevados con zanjas entre los campos. También utilizaron terrazas y estanques artificiales. Gracias a estas técnicas, los tiahuanacos pudieron recuperar grandes extensiones de tierra sin utilizar alrededor del lago Titicaca.

Los tiahuanacos parecen haber estado vinculados a la cultura huari, que cubría gran parte de las tierras altas y las costas de Perú.

Los huari introdujeron el cultivo en terrazas en los Andes, lo que permitió aumentar la variedad de cultivos. Más tarde, añadieron a sus territorios la antigua zona moche. También crearon un primer sistema de carreteras, aunque no estaba tan desarrollado como lo estaría posteriormente el Camino Real Inca.

Los huari, al igual que los incas, utilizaban el quipu o cordón anudado para registrar datos. Compartían con los tiahuanacos el dios Bastón, una deidad, y practicaban el sacrificio de animales (también hay evidencias de cabezas humanas colocadas como ofrenda en uno de sus templos). Aunque su arquitectura no estaba tan desarrollada como la de los tiahuanacos, sus textiles son espléndidos. Están muy estandarizados y tienden a utilizar diseños abstractos. Al igual que las culturas anteriores, los huari hacían fardos con las momias de sus muertos.

Es probable que tanto los tiahuanacos como los huari colapsaran debido a los grandes cambios climáticos, que hicieron inviable su producción agrícola marginal y provocaron una hambruna generalizada.

Todas estas culturas son muy distintas, pero comparten una serie de rasgos comunes. Existe un continuo de pensamiento religioso y costumbres sociales en el que todas se basan. La momificación (artificial o natural) y el enterramiento de los cadáveres en posición sedente son comunes a la mayoría de ellas. Lo más probable es que estén vinculadas a una forma de culto a los antepasados y a la idea de que los muertos seguían participando en el mundo y podían ser utilizados como guardianes, oráculos o consejeros.

Varias de estas culturas construyeron montículos o pirámides, y es evidente el culto a elementos naturales como picos de montañas, manantiales y lagos.

Tecnológicamente, la fabricación textil alcanzó un alto nivel de sofisticación. Lo sabemos por los fardos de momias y por el clima árido de la costa, que conservó intactas muchas pruebas. La metalurgia también era sofisticada, pero en general la cerámica parecía ser lo más diferente entre culturas.

También cabe destacar que muchas de estas culturas alcanzaron una escala significativa. Además, construyeron importantes monumentos con fines religiosos y funerarios, ya fuera en adobe (en la costa) o en piedra (por ejemplo, en Tiahuanaco).

Capítulo 2: La fundación de Cuzco

Observando estas culturas, se puede ver que los incas entraron en escena bastante tarde; se estima que llegaron a Cuzco (también escrito como Cusco) alrededor del año 1200. Es decir, unos 2.100 años después de la cultura chavín, tan lejos como ahora del Imperio romano. (La fecha probable de la llegada de los incas no procede de fuentes orales incas, sino de artefactos hallados cerca de Cuzco).

El valle del Alto Huatanay ya contaba con varios pueblos diferentes viviendo en los alrededores de Cuzco. Esto se debía a dos razones. En primer lugar, una gran extensión de tierra relativamente llana resultaba atractiva, ya que era fácil de cultivar, y, en segundo lugar, el cruce del Huatanay lo convertía en un centro de comercio natural. Los indígenas guallas, los sahuasiray, los alcavizas y los antasaya vivían en lo que parece haber sido una confederación informal. Se trataba de una concentración de población poco habitual en los Andes, que en general estaban poco habitados.

Y entonces llegó Manco Cápac.

* * *

Manco Cápac *podría* ser en realidad un mito. Al igual que los romanos tuvieron a Rómulo y Remo y los ingleses al rey Arturo, Manco Cápac puede haber sido una invención posterior; ciertamente, gran parte de la historia temprana de Cuzco es mítica.

No hay uno, sino dos mitos de la creación de Cuzco. En el primero, Manco Cápac salió de una cueva de la montaña de Pacaritambo con sus tres hermanos y cuatro hermanas, y se dirigió a Cuzco. Ayar Cachi era demasiado feroz, y los otros tres hermanos lo emparedaron en la cueva. Ayar Uchu, el segundo hermano, se convirtió en una piedra sagrada en la montaña Huanacauri, que más tarde los incas utilizaron para rituales de pubertad masculina. Y Ayar Auca se convirtió en piedra guardiana de las praderas cercanas a Cuzco, dejando a Manco Cápac solo con sus hermanas (y esposas). Manco Cápac fundó una nueva ciudad y se convirtió en el primer Sapa inca.

Burr Cartwright Brundage, catedrático de Historia, cree que los cuatro hermanos podrían representar a los diversos pueblos del origen del Estado inca[2]. El mito del origen de las cuevas se encuentra también en los relatos de otros pueblos andinos, aunque sus cuevas se encuentran en lugares diferentes; parece haber sido algo habitual. Las cuevas siempre fueron consideradas *huacas* o lugares u objetos sagrados.

Sin embargo, existe un segundo mito de origen inca en el que Manco Cápac y su hermana-esposa, Mama Ocllo, emergen de las aguas del lago Titicaca. Esto parece un intento de los incas de cuadrar el círculo tras la expansión hacia el sur que tuvo lugar bajo Túpac Inca. (Al mismo tiempo, los incas parecen haber reorganizado el culto existente a la diosa madre y al dios gato de las montañas en las islas del lago en un culto a Inti y Mama Quilla, el dios sol y la madre luna incas, respectivamente).

No es de extrañar que la historia incaica temprana haya sido calificada de «incertidumbres rúnicas»[3]. Lo que sí sabemos es que Cuzco es la ciudad continuamente habitada más antigua de Sudamérica. Incluso hoy se pueden ver casas españolas construidas sobre enormes cimientos de piedra inca y los enormes muros de mampostería del Coricancha (un templo) bajo el Convento de Santo Domingo.

Es probable que los incas inmigraran desde el valle del Urubamba, al norte de Cuzco. Originalmente era un pueblo seminómada que realizaba incursiones y que acabó asentándose en Cuzco. Se apoderaron de tres de las tribus existentes, pero los alcavizas permanecieron independientes. Aunque finalmente fueron absorbidos, Pachacútec, un Sapa inca, evidentemente no confiaba en ellos, ya que los expulsó a los

---

[2] Brundage, Burr Cartwright. Empire of the Inca (The Civilization of the American Indian Series). University of Oklahoma Press, Norman, 1963, pág. 18.

[3] Brundage, Burr Cartwright. *Empire of the Inca*. Pág. 23.

suburbios.

La escala de Cuzco en este momento era pequeña. Las conquistas incaicas iniciales fueron de aldeas compuestas por unos pocos cientos de personas. Había solo tres o cuatro millas entre ellos. El Cuzco de Manco Cápac tenía menos de mil habitantes. Era una ciudad-estado diminuta, no muy diferente de otras de la región, y el Intihuasi, o la casa del dios Sol (el emplazamiento del posterior Coricancha), no era más que un pequeño patio con edificios de adobe y techos de paja.

Originalmente, el líder era un jefe de guerra, o *sinchi*, y está claro por el nombre del hijo y sucesor de Manco Cápac, Sinchi Roca, que este seguía siendo el caso. Parece ser que subió al trono hacia 1230 y gobernó durante unos treinta años. Bajo su mandato, el desarrollo de Cuzco continuó. Aumentó la superficie cultivada, principalmente mediante el drenaje de los pantanos del fondo de los valles fluviales.

El sucesor de Sinchi Rocha como Sapa inca fue Lloque Yupanqui. No se sabe mucho de él, y algunos historiadores lo han descrito como perezoso y cobarde. Sin embargo, los elementos negativos de la historia incaica pueden proceder de facciones incaicas enfrentadas. Lloque Yupanqui parece haber creado el *acllahuasi* («casa de los elegidos», similar a un convento para mujeres) e inició la construcción de caminos. La burocracia con *curacas* hereditarios (magistrados) también puede haber sido creada en esta época.

El siguiente gobernante, Mayta Cápac, es interesante. Su historia parece un regreso al país de los mitos. Se dice que nació con dientes y que, a los dos años, podía luchar contra guerreros mucho mayores y ganar. Heredó el trono hacia 1290, y su figura es célebre en la leyenda inca, ya que expresa la agresividad y el espíritu de lucha del Imperio incaico.

También se dice que Mayta Cápac creó el culto a Inti, convirtiendo el fetiche personal de Manco Cápac del halcón solar en el centro de un culto nacional. Esto fue crucial para la creación del imperio, ya que dotó a los incas de una ideología religiosa propia, divinizando a su casa gobernante como hijos del sol y permitiéndoles sentir superioridad sobre otros pueblos.

Cápac Yupanqui fue probablemente el primer Sapa inca que llevó a su pueblo fuera de la vecindad inmediata de Cuzco, incursionando en el valle de Yucay. Se trasladó del *hurin* Cuzco (Cuzco bajo, alrededor de Coricancha) al *hanan* Cuzco (Cuzco alto), pero cedió Coricancha a su hermano, el sumo sacerdote, manteniendo el control dentro del clan real.

El sucesor de Cápac Yupanqui fue Inca Roca, que se casó con Mama Micay, del valle de Yucay. Se dice que su familia introdujo la irrigación, y fue durante este periodo cuando se mejoró el drenaje y la irrigación de las tierras alrededor de Cuzco. También se dice que Inca Roca estableció el *yachayhuasi*, las escuelas para los jóvenes incas y los hijos de los curacas provinciales. Es probable que alrededor de esta fecha algunos de los pueblos de los alrededores recibieran el estatus de Inca por adopción.

Yahuar Huácac, «el que llora sangre», obtuvo su nombre cuando fue secuestrado de niño por un caudillo de Ayamarca. Lloraba lágrimas de sangre. Cuando el líder de Ayamarca vio esto, decidió que no podía correr el riesgo de matar al niño, ya que era claramente divino de alguna manera. Finalmente, Yahuar Huácac escapó de vuelta a Cuzco. Más tarde se convenció a Inca Roca para que concediera a los ayamarcas el estatus de incas por privilegio. Yahuar Huácac también se casó con una coya ayamarca (una coya es una reina), por lo que parece que, a pesar de la naturaleza aparentemente violenta del episodio de su infancia, se había llegado a un acuerdo diplomático y se había producido un acercamiento entre los dos pueblos.

A estas alturas, Cuzco tendría una población de unos cuatro mil o cinco mil habitantes, de los cuales solo una cuarta parte serían hombres en edad de combatir. Dada la necesidad de algunos hombres para trabajar los campos y el hecho de que algunos sacerdotes estaban atados al templo, se cree que el ejército inca durante este período habría contado con solo 250 a 500 hombres. (El motín del Té de Boston fue obra de unos 130 hombres, según algunos relatos; ¡habrían formado medio ejército inca!).

Con Viracocha, que sucedió a Yahuar Huácac hacia 1410, la información histórica se vuelve más fidedigna. Los incas abandonarían el mundo del mito y entrarían en la historia más concreta.

Una guía práctica de los primeros Sapa incas:

Manco Cápac	¿Mítico? c. 1200
Sinchi Roca	1230-1260
Lloque Yupanqui	1260-1290
Mayta Cápac	1290-1320
Cápac Yupanqui	1320-1350
Inca Roca	1350-1380
Yahuar Huácac	1380-1410
Viracocha Inca / Hatun Túpac Inca	1410-1438
Pachacútec Inca	1438-1471

   Nótese que los primeros Sapa incas no llevaban «Inca» como parte de sus nombres; es solo a partir de la época de Viracocha que esto se volvió estándar. Esta fue también la época en que los incas empezaron a construir un imperio en lugar de una pequeña nación. También puede representar un cambio del estatus original de caudillo electivo del Sapa inca (como indica el nombre de Sinchi Roca) al principio hereditario.

   Viracocha fue probablemente el primer Sapa inca que realmente gobernó las conquistas incas de forma permanente, introduciendo la administración a través del tributo, un impuesto sobre el trabajo y la instalación de gobernadores incas. Anteriormente, los incas habían asaltado, saqueado o establecido alianzas; Viracocha comenzó a integrar los territorios conquistados. Es probable que Viracocha sentara las bases de la maquinaria administrativa inca, aunque Pachacútec perfeccionó el sistema.

   Viracocha parece haber tenido bastante éxito en la primera parte de su reinado, pero finalmente se enfrentó a un desafío para el que no estaba a la altura. Cuando los chancas, que habitaban la región de Ayacucho y Apurímac, atacaron Cuzco, Viracocha huyó de la ciudad con su heredero elegido, Inca Urco. Su tercer hijo, Cusi Inca Yupanqui, permaneció en Cuzco y defendió exitosamente la ciudad. Hay varios relatos sobre cómo sucedieron exactamente las cosas, pero Cusi Inca Yupanqui acabó tomando el control, adoptando el nombre de Pachacútec Inca o «el que agita la Tierra».

Los incas creían que el tiempo transcurría en ciclos, y que cada era terminaba con un terremoto o un cambio drástico. Así que, al tomar este nombre, Pachacútec prometía una nueva era, completamente diferente a las anteriores. La ascensión de Pachacútec en 1438 se considera a menudo la fecha efectiva del comienzo del Imperio incaico.

La agresividad de los chancas puede haber sido uno de los factores determinantes que obligaron a los incas a crecer rápidamente y crear un imperio en lugar de seguir siendo una tribu pequeña, aunque bastante aguerrida. Los incas habían ido expandiendo su territorio lenta y satisfactoriamente, pero las tres generaciones siguientes verían cómo se disparaba su expansión, al tomar enormes extensiones de nuevos territorios.

Sin duda, Pachacútec vio y aprovechó la oportunidad que se le presentaba, creando sus propios mitos poderosos en el proceso. Tuvo una visión que le concedió el dios Inti. Vio el futuro en un espejo mágico. Y cuando los chancas descendieron sobre Cuzco, las mismas piedras de los campos se convirtieron en guerreros que luchaban del lado de Pachacútec. (Este mito tiene gran resonancia con el mito de la creación inca, ya que las piedras eran claramente *huacas*, como los hermanos de Manco Cápac que se habían convertido en guardianes de piedra). Tal vez al afirmar tener una visión de Inti, Pachacútec estaba dando deliberadamente la espalda al dios que daba nombre a su padre, Viracocha el creador.

Se dice que Pachacútec insultó públicamente a su padre cuando Viracocha regresó a Cuzco, haciéndole beber chicha (parecida a la kombucha) de una tinaja inmunda y llamándolo cobarde. Cuando los jefes enemigos fueron presentados para que Viracocha les pisara el cuello, lo que formaba parte del ritual de victoria inca, Pachacútec no permitió que su padre lo hiciera. Insistió en pisar él mismo a los enemigos. Esta humillación no tenía precedentes. Viracocha se retiró a sus tierras y parece que murió poco después.

Pachacútec refundó Cuzco, reconstruyéndola ampliamente hacia 1440. Emprendió la creación de un imperio, a lo que contribuyó en gran medida el hecho de que los chancas sirvieran ahora en el ejército inca, aumentando enormemente su tamaño.

* * *

La reconstrucción de Cuzco por Pachacútec no fue solo arquitectónica, sino que cambió la forma del paisaje. Redirigió los dos ríos, el Huatanay y el Tullumayo, para que discurrieran paralelos a ambos lados del centro de la ciudad y los rodeó de bancos de piedra. Incluso se pavimentaron tramos del Huatanay. Pachacútec imaginó la ciudad como un puma, con la cabeza en la cima de Sacsayhuamán (una ciudadela) y la cola representada por los ríos fusionados tras su confluencia. En el vientre estaba la gran plaza, reflejada por otra plaza al sur del río: Haucaypata (la gran plaza), donde se celebraban las fiestas, y Cusipata, donde tenían lugar los desfiles militares. En el centro de Haucaypata se construyó el *ushna*, un estrado para el Sapa inca.

La ciudad se dividió en dos mitades, el Alto y el Bajo Cuzco, y el interior se construyó en forma de cuadrícula, con cuatro arterias que comunicaban los cuatro barrios. La ciudad también se dividió en diez canchas o recintos (la división del espacio o de las estructuras sociales por dos y luego por diez parece haber sido un rasgo típico inca, utilizando la división en pares dentro de un sistema decimal). Las casas de adobe fueron sustituidas por palacios y casas de piedra, aunque Cuzco conservó sus tejados de paja.

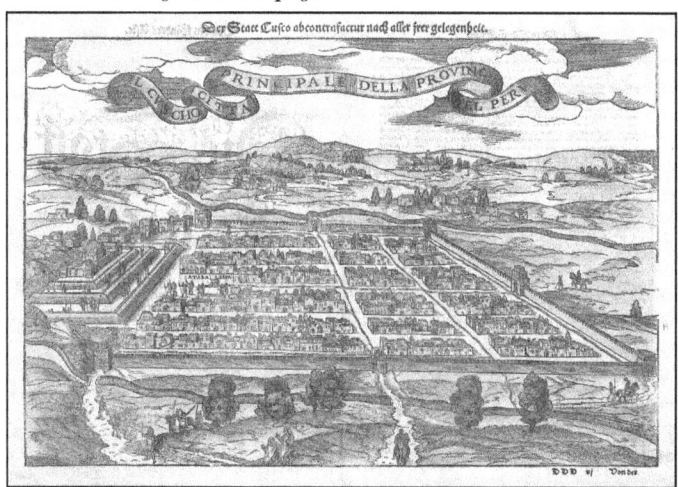

Vista de Cuzco de Sebastian Münster en 1574 que muestra el sistema cuadriculado de la ciudad
Sebastian Münster, CC BY-SA 4.0 <https://creativecommons.org/licenses/by-sa/4.0>, vía Wikimedia Commons
https://commons.wikimedia.org/wiki/File:Map_of_Cusco_by_Sebastian_Munster_(1574).jpg

Los palacios se agrupaban ahora en torno a Haucaypata. El palacio de Pachacútec, Condorcancha, fue construido a la par del Hatuncancha de Viracocha, y los *yachayhuasi* (escuelas para nobles incas e hijos de curacas) también estaban ubicados aquí. Desde esta plaza se ejercían todas las funciones ejecutivas, administrativas y religiosas. Todos los palacios posteriores tenían entradas a la plaza principal, y cerca estaba el *acllahuasi*, donde vivían las mujeres elegidas y aprendían a tejer y hacer chicha. (Hoy, el lugar alberga un convento).

Pachacútec también reconstruyo Inticancha, rebautizándola Coricancha (el «recinto de oro»), el núcleo original de la ciudad. El Sapa inca colocó personalmente una nueva imagen dorada del dios Sol. En un altar se colocó un huevo de oro entre una luna de plata y un sol de oro, representando a Viracocha entre Inti y Mama Quilla. Las momias de los antiguos Sapa incas estaban dispuestas en plataformas contra la pared del templo, y sus *coyas* (reinas) estaban en otro edificio dedicado a la diosa de la luna. Las paredes del Coricancha estaban chapadas en oro y en la paja se tejía alambre de oro.

Solo los incas nobles vivían en el centro de la ciudad. Fuera de la cuadrícula, Cuzco tenía una disposición diferente, formando una estructura de centro y radios con líneas que irradiaban hacia fuera. Un anillo de tierras agrícolas rodeaba el centro antes de llegar a los suburbios. Los almacenes se situaban en las colinas que rodeaban la ciudad.

El sistema *ceque* de líneas que irradiaban desde Coricancha no era solo un diseño, sino también un diagrama sagrado que conectaba 385 *huacas*, de las cuales 328 creaban el calendario; cada una de estas *huacas* tenía un día del año. Puede compararse con un quipu; cada línea es una cuerda de quipu, mientras que cada *huaca* es un nudo. Así pues, Cuzco era, en cierto modo, un quipu gigante que registraba los ritos y ceremonias de los incas.

Cuzco era una ciudad fuertemente controlada. Había puestos de control; nadie podía entrar entre la puesta y la salida del sol. Los visitantes de provincias periféricas estaban obligados a ocupar el barrio que correspondía a su provincia. Si venían de Quito, debían ocupar el barrio noreste, y como vestían sus ropas locales, era fácil asegurarse de que estaban en el lugar correcto. Cuzco era también una ciudad sagrada, una especie de Vaticano inca. En ella se encapsulaba la naturaleza sagrada del Sapa inca, de sus predecesores y de la historia del imperio.

En Cuzco se guardaban los objetos de las *huacas* y los ídolos que se arrebataban a los pueblos sometidos.

Tras la reconstrucción de Pachacútec, Cuzco siguió creciendo y haciéndose más rica y elegante. Cuando llegaron los españoles, quedaron impresionados por la ciudad, ya que nunca habían visto nada igual.

* * *

Viracocha sentó las bases, pero Pachacútec creó el imperio. Al menos, eso es lo que dice la historia incaica. Sin embargo, sabemos que Pachacútec reescribió la historia, aunque quizá sería mejor decir «volvió a representarla», ya que la historia incaica se contaba a través de una serie de imágenes pintadas en tablillas que servían de ayuda mnemotécnica para la historia oral memorizada por los historiadores incas. Aunque los incas eran analfabetos, llamarlos «prehistóricos» no es exacto, ya que tenían un sentido muy desarrollado de la historia y muchas formas no alfabéticas de asegurar su transmisión.

Pachacútec abrió el camino al gran mundo. Al tomar Ollantaytambo, dio a los incas el mando de dos de las tres rutas de acceso al Valle Sagrado (Valle del Urubamba). Y al asegurar Vilcabamba, les dio acceso al lado oriental de los Andes. Ya no estaban aprisionados en un pequeño bolsillo del valle.

Pachacútec parece haber iniciado o al menos incrementado dramáticamente el uso del sistema de *mitma* para trasladar a los pueblos súbditos por todo el imperio. Estas deportaciones fueron normales a partir de este periodo. Por ejemplo, una tribu que se rebelaba podía ser trasladada a una provincia asentada y leal donde no pudiera fomentar problemas. A veces, los incas eran trasladados para establecerse en nuevas provincias y proporcionar una base de administradores leales. Los artesanos se trasladaban a menudo a Cuzco, creando una forma de transferencia de tecnología con nuevos expertos tejedores y metalúrgicos. El traslado de las distintas tribus también tuvo otro beneficio: ayudó a difundir el quechua como lengua franca.

Pachacútec era un comandante despiadado. Envió a su hermano menor, Cápac Inca Yupanqui, al norte, pero le dijo que no fuera más allá del Yanamyo o río Negro. Era una decisión sensata, ya que la zona no estaba completamente pacificada y el ejército podía quedar aislado si surgía algún problema.

Sin embargo, Cápac Inca Yupanqui se dirigió a la enemiga Cajamarca, por considerarla un objetivo demasiado tentador. Al enterarse de este movimiento, Pachacútec ordenó matar a Cápac Inca Yupanqui junto con otro hermano, Huayna Yupanqui, que había ido a la misma campaña. Desobedecer al Sapa inca conllevaba la pena capital, incluso si se trataba del hermano del Sapa inca. Pero Pachacútec se apoderó de Cajamarca, que resultó ser muy importante para la posterior expansión hacia el norte.

Viracocha había sido un señor de la guerra; Pachacútec era un emperador. La mayoría de los historiadores datan su llegada al poder en 1438 como el verdadero comienzo del Imperio incaico.

En los próximos capítulos de este libro se examinarán la administración, la agricultura, la artesanía y la religión del imperio, antes de retomar la historia cronológica.

SEGUNDA PARTE: VIDA SOCIAL Y POLÍTICA INCA

Capítulo 3: Organización política, leyes y administración

El verdadero milagro de los incas no es el hecho de que fueran capaces de conquistar territorios tan diversos y extensos, sino que fueran capaces de integrarlos en una única estructura. Es posible que los incas se vieran favorecidos por el hecho de que muchos de los pueblos sometidos tenían culturas bastante similares, y tendieron a basarse en las estructuras políticas y sociales existentes en lugar de reemplazarlas. Los pueblos conquistados trabajaban para el Estado, generalmente en las mismas tareas que ya realizaban, y el Imperio se encargaba de la seguridad y las infraestructuras. Así pues, es importante tener en cuenta la división entre los incas y sus pueblos súbditos. Solo la minoría del Imperio incaico estaba formada por incas, y estos tenían un estatus muy diferente al de los súbditos no incas.

La organización política del imperio ha sido descrita como «socialista» por Louis Baudin, científico social. El imperio combinaba aspectos sociales, religiosos y rituales en una sola ideología. Era, en muchos sentidos, un plan muy racional para la organización de una sociedad en la que cada súbdito debía tener una cantidad suficiente de alimentos y bienes, y los impuestos pagaban el mantenimiento de la administración. No existía un concepto real de propiedad privada; en teoría, toda la tierra pertenecía al Estado o, mejor dicho, al Sapa inca. Existían varios monopolios estatales: la coca, los cautivos, el *acllahuasi*, los pastos estatales para guanacos y vicuñas (ambos emparentados con la llama) y la extracción de metales preciosos[4].

Sin embargo, la sociedad inca era muy clasista y consciente de sus diferencias, lo que no es propio del socialismo. Además, estaba totalmente sometida a la autoridad del Sapa inca, cuya voluntad era ley. Y como el Sapa inca era hijo de Inti, la ley se basaba en derechos religiosos, por lo que cualquier violación de la ley era un sacrilegio. Intentar asimilar el Imperio incaico a cualquier esquema de pensamiento occidental implica muchos peligros.

La tierra era propiedad del Sapa inca (ya fuera el gobernante de turno o una *panaca*, la casa de un antiguo rey), del estamento religioso o de un *ayllu* (clan); incluso podía ser propiedad de una *huaca*. La propiedad es difícil de discutir, ya que el sistema de tenencia parece haber sido algo mixto. Los españoles se aferraron a la idea de que toda la tierra pertenecía personalmente al Sapa inca, pero esto estaba motivado, al menos en parte, por la clara ficción legal de que el último Sapa inca traspasaba sus posesiones al rey de España. Esto permitió a los españoles eludir todas las reclamaciones indígenas sobre la tierra.

De hecho, las pruebas documentales de reclamaciones de propiedad en la época colonial, a menudo a través de mujeres incas casadas con españoles, demuestran que no era tan sencillo. Tal vez la analogía más cercana sería la forma en que muchos países administran los derechos sobre los minerales; afirman que son propiedad del Estado, pero permiten que organizaciones privadas extraigan los minerales a cambio del pago de regalías.

Las tierras de cultivo de la aldea se dividirían en tres partes: el sol, el Sapa inca y la aldea. Los aldeanos cultivarían las tres partes de la tierra, viviendo de lo que produjeran en su tercera parte y enviando el resto de la producción como tributo. Aunque, en teoría, la división se hacía por tercios, la tierra entregada a un *ayllu* probablemente se planificaba de modo que fuera suficiente para la autosuficiencia y que el resto de la tierra se dividiera entre el Sapa inca y los dioses. Así, las proporciones reflejarían el tipo y la fertilidad de la tierra. Los impuestos se cobraban en forma de trabajo o de la producción de ese trabajo.

Este arreglo surgió de la cultura andina, en la que la tierra solía ser cultivada por la aldea o el clan en cooperación, pero fue cambiado por Pachacútec, que regularizó una burocracia y el sistema de *mitma* para

---

[4] Baudin, Louis. *A Socialist Empire: The Inca of Peru*. D Van Nostrand, Princeton, 1961.

explotarla mejor.

Sin embargo, la creciente conciencia de clase del imperio supuso un alejamiento de la cultura andina, más o menos igualitaria. Los primeros Sapa incas parecen haber sido elegidos, pero con el tiempo se pasó a un sistema de herencia consanguínea. Las reglas eran estrictas: solo los hijos del Sapa inca y de la coya eran elegibles, no los hijos de una concubina. El Sapa inca debía casarse con una de sus hermanas de padre y madre para mantener la pureza de la sangre real. (Las relaciones hermano/hermana estaban prohibidas para todos excepto para el Sapa inca, aunque el matrimonio entre primos hermanos era común).

Parece que todavía se requería un elemento de asentimiento, ya que después de Pachacútec, el Sapa inca generalmente indicaba quién deseaba que fuera su heredero. En algunos casos se dio la cotitularidad. Sin embargo, no siempre se elegía al hijo mayor del Sapa inca, y ocasionalmente, la elección del Sapa inca se consideraba inadmisible.

El Sapa inca llevaba la *Mascapaicha* o corona de color rojo con borlas sujetas a una cinta como símbolo de realeza. Encima llevaba dos o tres plumas blancas y negras; el conjunto se sujetaba con una tira enrollada varias veces alrededor de la cabeza.

Nadie podía mirar al Sapa inca a la cara, y los que entraban en su presencia por primera vez tenían que presentarse descalzos, llevando una carga. El misterio y el temor que rodeaban a la persona del Sapa inca eran cada vez mayores. Aunque al principio el gobernante inca era un señor de la guerra, con el tiempo los gobernantes llegaron a ser divinos y remotos.

Los incas estaban exentos de realizar trabajos manuales. También tenían el privilegio de llevar orejeras o tapones que les agrandaban los lóbulos de las orejas. Los españoles los llamaban *orejones* u «orejas grandes». Los incas también estaban sujetos a leyes y castigos penales diferentes a los de los pueblos sometidos. También podían confesarse en privado con Inti. Los pueblos sometidos tenían que confesarse públicamente. En muchos casos, la confesión pública parece haber sido utilizada como una forma de obtener información sobre el descontento político o para animar a los súbditos a denunciar las malas acciones de sus vecinos. De hecho, los incas gozaban del privilegio de la privacidad.

Existían otras divisiones de clase dentro de los incas. Había once *ayllus* (clanes) de incas de sangre real y diez de incas no reales. También estaban los incas por privilegio, que fueron asimilados con el tiempo para aumentar el número necesario para gestionar el imperio. No podían vivir en el centro de Cuzco. Sin embargo, seguían siendo cruciales para la expansión, ya que formaban una clase de administradores y colonos.

Un conjunto de leyes suntuarias establecía lo que cada clase social inca podía vestir. Incluso había leyes sobre los alimentos que podían comer. La movilidad social era muy limitada, aunque el ejército permitía ascender a una clase superior en función de su rendimiento como guerreros.

El imperio estaba dividido en cuatro regiones o *suyos*. Su nombre inca era Tahuantinsuyo, la tierra de los cuatro barrios.

Chinchaysuyo	Norte
Antisuyo	Este
Collasuyo	Sur
Cuntisuyo	Oeste

El hogar era la unidad básica de contabilidad, no el individuo. En teoría, veinte mil hogares formaban una provincia. Cada cuarto se dividía en varias provincias.

Las estructuras de gobierno eran jerárquicas y reflejaban la forma en que los incas dividían las cosas en dos, cuatro y diez. Había cuatro *apus* (gobernadores), cada uno a cargo de un «cuarto». De ellos dependían ochenta gobernadores provinciales.

Cada provincia se dividía en dos mitades, cada una con un *curaca* (magistrado) a cargo de diez mil hogares. Cada *curaca* tenía a su cargo diez *huarancas*, cada uno de los cuales se ocupaba de mil hogares. Se aplicaban otras divisiones hasta llegar al *chunca-camayu*, que se ocupaba de solo diez hogares.

Es probable que algunas de estas cifras sean inexactas y que se hayan compensado con mano de obra *mitma*. También es posible que simplemente se ignoraran las disparidades. Sin embargo, es evidente que la cadena jerárquica de mando permitía al Cuzco tener un control sin precedentes de sus recursos en las provincias. Los registros se tomaban en cada nivel y se enviaban a la capital en un quipu. Esto permitía distribuir la mano de obra entre la población, por ejemplo, para la construcción de carreteras, y enviar los productos agrícolas y de otro tipo allí donde se necesitaban. Era un sistema sencillo pero poderoso.

Cuadro de la organización inca

Nombre inca	Equivalente en español	Número de hogares
Apu	Virrey	Jefe de un «cuarto» del imperio
Tucuirícuc («el que todo lo ve»)	Gobernador provincial	20,000
Hunu-camayu	Vicegobernador	10,000
Huaranca	Jefe de mil	1,000
Pachaca-camayu	Capitán	500
Picha-camayu	Centurión	100
Picha-chunca-camayu	Decurión superior	50
Chunca-camayu	Decurión	10

La economía no se basaba en el dinero y no existía el comercio interregional. El imperio se basaba en la mezcla de las economías andinas de subsistencia y autosuficiencia que lo precedieron con la distribución de excedentes. La producción y distribución de todos los productos básicos estaban organizadas por el gobierno, aunque se toleraban algunos mercados locales.

El quipu era una ayuda importante para los incas. Estaba hecho de un solo hilo al que se unían otros hilos de diferentes colores en secuencia. En estos hilos se hacían nudos en lugares determinados para indicar números. Por ejemplo, el quipu se utilizaba para censar a la población, para mostrar la división de los grupos de edad y para informar sobre la población de llamas.

Los diferentes colores del hilo mostraban el tipo de datos que se relacionaban: negro para el tiempo, rojo para el Sapa inca, amarillo para el oro y azul para la religión. Este sistema de referencias debía ser memorizado por los usuarios del quipu para poder interpretar la información numérica. Los «guardianes de la memoria» de Cuzco estaban exentos de pagar impuestos y eran muy apreciados; el Sapa inca pagaba sus gastos de manutención. Sin ellos, los quipus no eran más que muchos trozos de cuerda. Cuando Atahualpa quiso borrar los recuerdos de su hermano Huáscar, mandó matar a los guardianes de la memoria y destruyó los quipus.

Algunos arqueólogos creen ahora que los quipu podían mostrar información más detallada y desestructurada de lo que se pensaba. Incluso podrían haber representado un estadio básico de alfabetización. Sin embargo, nadie ha conseguido todavía dar una lectura definitiva de un quipu.

También puede ser problemático que la mayoría de los quipus que se conservan se hayan encontrado en tumbas. Es poco probable que se trate de quipus con información del censo estatal, sino que podrían representar oraciones o relatos de la vida de un individuo.

Un quipu en el Museo de Machu Picchu

Pi3.124, CC BY-SA 4.0 <https://creativecommons.org/licenses/by-sa/4.0>, vía Wikimedia Commons https://commons.wikimedia.org/wiki/File:Quipo_in_the_Museo_Machu_Picchu,_Casa_Concha,_Cusco.jpg

Una de las dificultades para llegar a fechas concretas de la historia incaica está relacionada con el quipu, ya que los incas añadían actividades y duraciones. Podrían decir, por ejemplo: «Esta conquista duró cinco años, luego se necesitaron dos años para someter esta ciudad», en lugar de decir: «La conquista duró hasta 1445, luego en 1447, esta ciudad fue sometida». La forma inca de recordar la historia es una especie de secuencia, y añadir que se habría hecho en un quipu en lugar de, como hacemos nosotros, numerar cada año, y es la forma en que algunos cronistas tempranos, como Betanzos, presentaron su historia. Otros escritores españoles pueden haber oído cosas similares de informantes incas y haber intentado asignar fechas concretas, por lo que las fechas que dan no son necesariamente fiables. No hace falta decir que esto crea una gran incertidumbre.

El quipu sobrevive hoy en día, aunque en una forma mucho más simple. Los pastores de la puna andina central siguen utilizando cuerdas anudadas para contar sus animales.

El sistema judicial en el Imperio incaico era el mismo que el administrativo; no había jueces separados. Varios delitos se castigaban con la muerte, entre ellos el adulterio, el robo, el asesinato y la traición. No había prisiones. Otros castigos eran la mutilación o la caída de una roca sobre la espalda. Los incas también parecen haber practicado una forma de «tres golpes y estás fuera», con diferentes castigos para la primera, segunda y tercera infracción del mismo tipo de delito.

El robo se castigaba si estaba motivado por la codicia o la envidia. Sin embargo, si alguien robaba porque lo necesitaba, por ejemplo, para comer, el funcionario a cargo de su aldea sería castigado por no asegurarse de que dispusiera de medios de subsistencia suficientes. El imperio regulaba la vida de sus súbditos de forma extremadamente estricta, pero también se aseguraba de que recibieran todo lo necesario, una forma de reciprocidad que hunde sus raíces en las costumbres andinas.

Los incas disponían de un magnífico sistema logístico. No solo construyeron una extensa red de carreteras, sino también casas de descanso y almacenes a lo largo de los caminos a distancias regulares. Había un *tambo* (casa de descanso) aproximadamente cada día de viaje. A través de los almacenes (*colca*), se podían enviar suministros a cualquier parte del imperio utilizando caravanas de llamas o porteadores humanos.

Las llamas pueden cargar hasta ochenta libras (36 kilos) en pendientes pronunciadas. Tienen una gran resistencia y pueden buscarse su propia comida, por lo que no hay que suministrarles nada. Son criaturas muy eficientes, salvo por una limitación: no se pueden montar.

Los incas respondieron a esta limitación creando un sistema de relevo de mensajeros que vivían a una distancia aproximada de una milla a lo largo de los caminos. Podían llevar mensajes y quipus rápidamente. Un mensajero corría su milla y luego entregaba su mensaje al siguiente mensajero mientras seguía corriendo. Cada mensajero estaba fresco al comienzo de su viaje, por lo que podían correr mucho más rápido que un hombre que necesitara recorrer una distancia mayor.

Un ejemplo de la velocidad a la que se podía manejar la comunicación es el hecho de que un mensaje llevado por los *chasquis* (mensajeros) tardaba tres días en llegar a Cuzco desde Lima, que estaba a unas 150 millas (241 km). En la época colonial, el servicio de correo en la misma distancia tardaba de doce a trece días a caballo.

Los caminos también permitían al ejército desplazarse rápida y eficazmente a cualquier parte del imperio utilizando el sistema de almacenes para abastecer a los hombres. Esto simplificó enormemente la logística militar y fue un factor clave de la expansión inca.

Pueblos incas y súbditos

En la época imperial, los incas no intentaron integrar a los pueblos sometidos en términos religiosos. Las tribus súbditas conservaron sus propios dioses y muchas de sus costumbres, incluidas sus propias formas de ritos funerarios. Sin embargo, se integraron en el sistema de *ayllu* y en la burocracia del imperio, que utilizaba divisiones de dos (como las mitades) y diez, un sistema totalmente decimal que anteponía las matemáticas a la practicidad.

De hecho, los súbditos estaban legalmente obligados a llevar su traje tribal y su peinado o tocado para que se los pudiera identificar fácilmente y no se los pudiera confundir con los verdaderos incas.

Sin embargo, los hijos de los gobernantes y administradores locales eran educados en el *yachayhuasi*, o casa de aprendizaje, en Cuzco junto a los jóvenes nobles incas. Aprendían quechua, historia incaica y a administrar la burocracia inca. Se adoctrinaron completamente en el modo de vida inca. El quechua se convirtió en la lengua común del imperio, creando un sentimiento de cultura común y simplificando los procesos administrativos.

El sistema de *mitma* también contribuyó a crear una cultura común al permitir la deportación de grupos de personas a distintas partes del imperio. Allí, habrían perdido sus *huacas* locales y no podrían hablar su propia lengua con los demás habitantes, por lo que el quechua sería necesario para su integración exitosa.

Algunos campesinos fueron trasladados de una zona climática a otra para transferir sus conocimientos y las especies que sabían cultivar. Esto debió de tener un impacto significativo en la productividad agrícola.

El sistema *mitma* también funcionaba a nivel individual. Por ejemplo, los artesanos expertos podían ser trasladados a Cuzco para trabajar para la casa real o el templo, donde proporcionaban artesanía de gran calidad. En algunos casos, parece que se trataba de una forma de transferencia de tecnología, que permitía a los incas beneficiarse de conocimientos metalúrgicos o textiles de los que no disponían originalmente.

Impuesto sobre la mano de obra

Garcilaso de la Vega, inca de nacimiento, aunque escribió tras pasar años en España, decía que las leyes de los incas eran sencillas. Eran *ama sua, ama llulla y ama quella*: no robar, no mentir y no ser perezoso. La ociosidad era algo que no estaba permitido en el Imperio incaico a menos, claro está, que fueras un noble inca, en cuyo caso, aparte de la guerra, era obligatoria.

La administración inca y las costumbres andinas eran muy prescriptivas. Trabajar poco se castigaba. Hacer demasiado también estaba mal, ya que permitiría a otro hacer demasiado poco. Aunque esto se aplicaba al sistema de *ayllu*, en virtud del cual todos los hogares del clan eran responsables del bienestar de la comunidad, los incas también crearon un sistema en virtud del cual el trabajo también se utilizaba como pago de impuestos.

Este se organizaba de modo que solo se tomaba un pequeño número de hombres adultos de cada comunidad en un momento dado, lo que permitía al *ayllu* mantenerse y pagar su tributo. Por ejemplo, un puente nuevo podía necesitar seiscientos hombres durante dieciocho meses. Si eso se dividía entre las dos mitades de una provincia, cada mitad necesitaría encontrar trescientos hombres; eso significaba treinta hombres de cada división de mil hogares o tres hombres de cada cien hogares. Además, trabajaban por turnos para que cada hombre no estuviera ausente de su hogar más de unos meses. Aunque el nuevo puente probablemente no era el único proyecto que había que hacer, ilustra cómo el sistema era capaz de soportar la enorme inversión inca en infraestructuras sin ejercer una presión excesiva sobre la población mediante la delegación de recursos humanos a través del sistema *curaca*.

Aparte del tributo y el impuesto al trabajo, la vida de muchos *ayllus* no cambió notablemente en los primeros años del imperio. (Más tarde, parece que la mano de obra *corvée* se convirtió en una imposición mucho mayor, teniendo la gente que hacer cada vez más trabajo). La gente cultivaba las mismas tierras de la misma manera que siempre, enviando algunos productos a los almacenes estatales. Ocasionalmente, los individuos eran llamados a trabajar en proyectos estatales o a alistarse en el ejército. En general, la vida bajo el dominio inca era la misma que antes de los incas.

Sin embargo, una forma de impuesto que debió de ser muy impopular era la toma de *aclla* o «mujeres elegidas». Las niñas eran tomadas entre los siete y doce años para ser entrenadas. Al ser tomadas, pasaban a ser propiedad exclusiva del Inca y dejaban de pertenecer a su *ayllu* de nacimiento. Las llevaban a un *acllahuasi*, donde recibían formación durante cuatro años en tejido, elaboración de chicha y religión. Es poco probable que volvieran a ver a sus familias o pueblos de nacimiento.

Alrededor de los catorce o quince años, las muchachas se dividían en las que se convertirían en concubinas de los incas, las que servirían a los dioses (ya fuera siendo sacrificadas o sirviendo como *mamaconas*, una especie de sacerdotisas) y las que podrían utilizarse como recompensas para guerreros y administradores (básicamente un tesoro estatal de mujeres disponibles). Algunas también eran entrenadas como cantantes. Aunque el *acllahuasi* principal estaba en Cuzco, había hasta cuarenta establecimientos distintos en el imperio. Debían de representar una parte importante de la producción textil, sobre todo de la tela *cumbi*, de gran calidad.

* * *

Una característica especial y bastante extraña del Imperio incaico era el hecho de que el gobernante nunca moría. En la mayoría de las culturas andinas, se consideraba que los muertos ya no estaban, aunque ocupaban un nivel de existencia diferente. Por ejemplo, las momias podían dar consejos o influir en el clima. Esto se aplicaba especialmente a los Sapa incas, cuya momia se conservaba en Coricancha. Sería alimentada regularmente e incluso visitada de vez en cuando por la momia de su padre o de su hijo para socializar después de la muerte.

Las momias incas no eran como las egipcias. A los incas se los colocaba en posición sentada como si aún estuvieran vivos, con las rodillas recogidas hasta la barbilla y envueltos en telas. Aunque algunas personas se refieren a esto como la posición fetal, las momias siempre estaban sentadas y no enterradas de lado. Es posible que estuvieran completamente envueltas. Los arqueólogos suelen referirse a ellas como «fardos de momias», algunos de los cuales contenían más de un cuerpo, pero nunca se colocaban en un sarcófago. Las momias de los Sapa incas vestían atuendos reales y tenían el mismo aspecto que cuando estaban vivos. Debían de tener un aspecto espléndido cuando se alineaban en la plaza principal.

Las leyes de herencia dividida permitían que todos los hijos de los incas, excepto el siguiente, heredaran sus bienes conjuntamente. Los bienes seguían siendo, por así decirlo, propiedad del Sapa Inca muerto y eran administrados por sus parientes. Esto creó una forma especial del *ayllu* llamada *panaca*, un «reino dentro del reino»[5]. Su trabajo consistía en administrar la hacienda y mantener el culto al rey «alimentando» y haciendo sacrificios a la momia. La historia del Sapa inca también se transmitía en la *panaca*, a menudo recitándola delante de la momia para recordarle su vida.

La herencia dividida no era exclusiva de los incas. También se conocía en Chimor (hogar de los chimú), que tenía un culto a la momia similar. La capital, Chan Chan, contaba con una serie de palacios, cada uno de los cuales se convertía en la tumba de su rey tras su muerte. Mientras que los primeros palacios parecían albergar varias momias, quizá de cuatro o cinco generaciones, los palacios posteriores parecen haber albergado solo una, lo que sugiere una intensificación del rigor de las normas. (Por supuesto, esto también habría hecho que la práctica fuera más costosa).

El Sapa inca creaba su *panaca* de varias maneras. Desde el día en que tomase el poder, se preocuparía de construir su futura vida como momia. En primer lugar, construiría un nuevo palacio en Cuzco, ya que no podría seguir viviendo en el palacio de su padre. También podría construir fincas en el campo; estas eran en parte pabellones de caza, en parte fincas agrícolas y en parte centros turísticos de placer. Un Sapa inca podía poseer varias haciendas. El valle de Yucay era un lugar

---

[5] Conrad, Geoffrey & Demarest, Arthur A. *Religion and Empire: The Dynamics of Aztec and Inca Expansionism*. Cambridge University Press, 1984. Pág. 131.

especialmente popular para construir estas propiedades reales. De hecho, es probable que Machu Picchu fuera más una hacienda real que una fortaleza. Cada hacienda era autosuficiente y estaba atendida por *yanaconas* (sirvientes).

La momia de un Sapa inca llevada en una litera por Guamán Poma de Ayala
https://commons.wikimedia.org/wiki/File:Momia_Inca_-_Guaman_Poma_de_Ayala.jpg

Políticamente, esto tuvo un resultado intrigante: gran parte de la nobleza debía su lealtad a un Inca muerto, no al actual, ya que pertenecían a la *panaca* de un Inca anterior. Esto condujo a un mayor faccionalismo entre los nobles incas.

Pero también hubo un resultado más serio. Dado que el nuevo Sapa inca no heredaba nada excepto el título de su padre, necesitaba conquistar nuevas tierras o recuperar tierras para la agricultura y construir su propio palacio. Esto creó una dinámica de conquista que no podía desconectarse. A medida que aumentaba el número de *panacas* y el tamaño del imperio, cada nuevo Sapa inca tenía que buscar tierras cada vez más lejos.

Gobernante	Panaca
Manco Cápac	Chima - rojo
Sinchi Roca	Raura - fuego
Lloque Yupanqui	Ahuayni - nieto
Mayta Cápac	Usca Mayta - capitán Mayta
Cápac Yupanqui	Apu Mayta - mendigo Mayta
Inca Roca	Vicaquirau - cuna Vica
Yahuar Huácac	Aucaylli - canto de triunfo
Viracocha	Socso - debilidad
Pachacútec Inca Yupanqui	Iñaca - manto
Túpac Inca Yupanqui	Cápac - magnífico
Huayna Cápac	Tomebamba (por la ciudad del norte)
Huáscar Inca	Huáscar
Atahualpa	Ninguno

Aunque las *panacas* cuzqueñas llegaron a su fin con Huáscar (Atahualpa no tuvo tiempo suficiente para crear una), los gobernantes neoincas continuaron con la tradición y la veneración de las momias. Se dice que Túpac Amaru, el último Sapa inca, fue nombrado guardián de la momia de su padre, Manco Inca, por el inca Titu Cusi, su hermano, lo cual era un nombramiento típico para un miembro de la familia real. (También sabemos que los españoles se llevaron las momias de Manco Inca y Titu Cusi cuando capturaron a Túpac Amaru. Posteriormente destruyeron las momias.

Capítulo 4: La agricultura inca

El Imperio incaico abarcó una enorme franja norte-sur de Sudamérica. Tenía tres franjas medioambientales diferentes: desierto costero, con tierras áridas separadas por oasis en los valles fluviales; tierras altas; y estribaciones orientales que descienden hasta la selva amazónica. Era (y sigue siendo) una tierra de violentos contrastes y climas dramáticos.

El altiplano también se dividía en tres zonas distintas, según la altura del terreno. Estas zonas eran la yunga, la región más baja, que era relativamente cálida y seca, donde podían florecer los árboles frutales; la quechua, donde se podían cultivar productos como el maíz, las judías, la calabaza y la quinoa; y la puna, que era fría y húmeda. En la puna solo crecían bien tubérculos como la papa y la oca, pero proporcionaba excelentes pastos para llamas y alpacas.

Toda la región es inhóspita; hay elevaciones muy bruscas y empinadas, y los fondos de los valles fluviales, que de otro modo serían buenas tierras para el cultivo, son inutilizables porque se inundan. Llueve poco porque los vientos dominantes soplan del este, dejando caer la humedad en la vertiente oriental de los Andes. Todas las culturas indígenas de esta región comenzaron en pequeños focos de tierra productiva: los valles fluviales de la costa y cuencas como Cuzco o el valle de Yucay en el interior. En otros lugares, simplemente no había forma de sostener una población tan numerosa.

Sin embargo, a partir de Tiahuanaco, la buena administración y la inversión en tecnología agrícola propiciaron una excelente productividad. Las terrazas, el uso de fertilizantes, la creación de un sistema de lechos elevados y el desarrollo de mejores cultivos mediante la cría selectiva transformaron la dura existencia del pueblo en una existencia más estable. Los incas añadieron un excelente sistema de almacenamiento de excedentes en todo el imperio. Pasaron así de una sociedad agrícola de subsistencia, propensa a las hambrunas en los años de escasez, a una sociedad mucho más estable en la que el Estado almacenaba provisiones para siete años.

En las tierras altas, había dos sistemas agrícolas principales: el *ayllu* y el *mink'a*. El *ayllu* cultivaba su tierra como una comunidad; la mayoría de los agricultores andinos aún lo hacen. Hombres y mujeres trabajaban juntos en el campo, aunque en tareas diferentes. Por lo general, los hombres utilizaban el arado de pie, mientras que las mujeres sembraban, rompían terrones de tierra y utilizaban azadones para escardar. Las mujeres no trabajaban solo para sus hogares (o para sus maridos), sino para el *ayllu* en su conjunto. La unidad de trabajo era todo el hogar e incluía a las mujeres e incluso a los niños a partir de los siete años.

Cultivo de la tierra con arado de pie, con la ayuda de las mujeres. Dibujo de Guamán Poma de Ayala
https://commons.wikimedia.org/wiki/File:Guam%C3%A1n_Poma_1615_1156_septiembre.png

La tierra era utilizada en común por el *ayllu*, pero se distribuía (y redistribuía anualmente para tener en cuenta los cambios demográficos) en función del *tupu*, que era tierra suficiente para mantener a una pareja sin hijos. El tamaño del *tupu* variaba según el tipo y la fertilidad de la tierra.

Garcilaso de la Vega dice que el orden de cultivo era primero los campos del sol, luego los campos de quien no podía trabajar su propia tierra, a continuación, los campos de todos los demás, después los campos de los curacas y, por último, los campos del Sapa inca. (Sin embargo, no todos los cronistas coinciden en esto.) La prioridad dada a los campos de los que no podían trabajar muestra los valores andinos típicos de reciprocidad y apoyo mutuo.

El método *mink'a* sustituía el trabajo colectivo por una exigencia de mano de obra. Por ejemplo, cada familia tenía que dedicar un día a la semana a un determinado proyecto o tarea comunal, como el pastoreo del ganado de todo el *ayllu* o el mantenimiento o excavación de un canal de riego. Esto ayudaba a distribuir mejor la mano de obra, ya que el cultivo se repartía por distintas zonas en lo que se ha llamado «archipiélagos verticales»[6].

Uno de los principales factores que hicieron productiva la agricultura inca fue el cultivo en terrazas. Los incas no inventaron el cultivo en terrazas, que ya habían utilizado ampliamente los huari y otras culturas, pero lo perfeccionaron. Por ejemplo, el espacio entre los muros se rellenaba primero con piedras toscas, luego con grava, después con arena y, por último, con tierra vegetal, en lugar de solo con tierra. Esto tenía dos grandes ventajas. En primer lugar, reforzaba las terrazas y mejoraba el drenaje, protegiendo el sistema de posibles desprendimientos de tierra. En segundo lugar, se economizaba la cantidad de tierra vegetal que había que llevar del fondo del valle, a menudo procedente del dragado del río. En la actualidad hay un millón de hectáreas de terrazas en los Andes, muchas de las cuales fueron construidas por los incas.

Los muros de piedra no solo retenían la tierra, sino que también calentaban durante el día e irradiaban ese calor por la noche, lo que permitía cultivar plantas por encima de su altitud normal y reducía la probabilidad de que una sola helada corta destruyera los cultivos. Los

---

[6] McEwan, Gordon F. *The Inca: New Perspectives*. ABC Clio, Santa Barbara, 2006. Pág. 84.

incas no tenían cristal, pero las terrazas cumplían, en cierto modo, la misma función que los invernaderos.

Terrazas incaicas en Moray
JustinW en Pixabay. https://pixabay.com/photos/moray-peru-inca-landscape-290641/

Otra mejora fue la integración de las terrazas y el riego. Los incas tenían una gran experiencia en obras hidráulicas, calculando la pendiente exacta a la que debía correr el agua para regar sin socavar el suelo y las curvas adecuadas para llevar el agua que corría rápido a donde debía ir. Muchos campos se abastecían de agua mediante acueductos, y en los muros de las terrazas se construían caídas de agua. En muchos casos, las fuentes son a la vez funcionales y estéticas.

Los campos se fertilizaban con guano traído de las regiones costeras, así como con estiércol de llama y cabezas de pescado secas.

Los cultivos dependían de la región y de la altitud del terreno. En las zonas altas, los principales cultivos eran los tubérculos, como la papa, la oca y el olluco. La quinua, una especie de grano pequeño, se cultivaba hasta los cuatro mil metros.

En las terrazas más bajas se podían cultivar las «tres hermanas» (término más utilizado en EE. UU.) de maíz, judías y calabaza, a las que se introdujeron el boniato y la mandioca procedentes de las estribaciones orientales. También se cultivaban yuca, tomates, pimientos y cacahuetes.

Los incas también tenían una enorme variedad de tipos diferentes de cada especie. Cultivaban distintos tipos de maíz en distintas zonas y muchas variedades de papa, que al parecer procedían de la planta original, del tamaño de un guisante. Esto permitía a los incas sacar el máximo provecho de cada lugar.

Sin embargo, las herramientas que empleaban eran rudimentarias. El arado de pie era de madera y a veces tenía una punta de bronce o simplemente una punta de madera afilada. Parecía un pogo saltarín con punta y mango. En lugar de cavar surcos, volteaba un solo terrón de tierra, que las mujeres rompían. Afortunadamente, el maíz, las papas y otros tubérculos pueden sembrarse en un simple hoyo y no necesitan surcos. Sus azadas solían tener una hoja de piedra.

La cordillera de los Andes alberga una gran variedad de camélidos. Los incas domesticaron dos: llamas y alpacas. Las llamas eran bestias de carga, mientras que las alpacas producían lana para la ropa. Las vicuñas, que tienen la lana más suave, no se domesticaban, pero se reunían cada dos años y se les esquilaba la lana antes de volver a soltarlas. A cada familia se le asignaban dos llamas, que no se mataban a menos que estuvieran viejas o enfermas.

A menor altitud, se cultivaba algodón y productos no alimentarios, como calabazas, que se utilizaban para almacenar, y diversos tipos de fibra para cuerdas.

En las estribaciones orientales se cultivaba coca. Procedían de la Amazonia, por lo que técnicamente no formaban parte del Imperio incaico (los bosques no eran su entorno). Sin embargo, los incas tenían suficientes tierras fronterizas para obtener productos como plumas de aves exóticas y coca. Se solía masticar con cal; tragar el zumo resultante permitía a sus consumidores trabajar largas horas sin cansarse, y también podía aliviar el dolor.

La agricultura inca era extraordinariamente productiva, dada la dureza del terreno. Sin embargo, a medida que el imperio se expandía, se argumentaba que las exigencias fiscales, cada vez mayores, llevaban a cultivar tierras marginales. Ello supuso un costo muy elevado en términos de inversión en infraestructuras y resultó menos eficaz que los cultivos existentes. La dependencia de las tierras marginales hacía más probables las malas cosechas y reducía los beneficios, empobreciendo gradualmente el imperio.

Capítulo 5: La cocina y la dieta de los incas

Lo que comían los súbditos del Imperio incaico dependía en cierta medida del lugar donde vivían. La dieta del altiplano era diferente de la del valle marítimo. En la costa, el pescado y el marisco se mezclaban con el maíz y otras verduras, mientras que, en la sierra, las papas y otros tubérculos eran un alimento básico. La quinoa y otras plantas afines proporcionaban granos que podían utilizarse de forma similar al arroz. Los tomates, las alubias y los pimientos se utilizaban en guisos, y parece que a los incas les gustaba condimentar su comida con chiles.

Sin embargo, lo que unía a la mayoría de las comunidades era que su dieta era vegetariana o, al menos, pescatariana la mayor parte del tiempo. Solo los nobles podían cazar, y las llamas eran demasiado útiles para comerlas. (Curiosamente, los incas no bebían leche de llama, aunque es bastante sabrosa). Quedaban los cobayas, que con el tiempo se domesticaron y constituyeron la principal fuente de proteínas en las tierras altas. También se comían ranas, hormigas y otros insectos.

Los métodos de cocción incluían pequeños hornillos de arcilla (*huatia*) que consumían poco combustible y dejar caer piedras calientes en el agua o los guisos para calentarlos. Los cobayas se rellenaban a menudo con piedras calientes para que la carne se cocinara por dentro y por fuera de manera uniforme.

Los incas no tenían azúcar ni aprendieron a criar abejas, pero sabían encontrar miel silvestre para endulzar.

Pero el elemento de la cocina inca que fue clave para el éxito del imperio era sencillo: la comida deshidratada. La carne de llama se secaba en tiras llamadas charqui, de donde procede la palabra inglesa «jerky». El charqui constituía una excelente fuente de proteínas. Se podía transportar largas distancias y pesaba muy poco. Las papas se liofilizaban dejándolas toda la noche a la intemperie para que se congelaran, y luego se pisoteaban o molían para quitarles la piel; se llamaban chuño. Los campesinos andinos siguen haciendo chuño hoy en día. En las zonas costeras, el pescado se secaba al aire.

Los incas almacenaban grandes cantidades de alimentos no perecederos. Tanto la cultura tiahuanaco como la huari llegaron a su fin debido a años de sequía y hambruna; lo supieran o no los incas, su decisión de almacenar alimentos parece muy sensata teniendo en cuenta la problemática naturaleza del clima peruano. Pero los almacenes a lo largo de los caminos también permitían abastecer al ejército en las campañas, lo que debió de ayudar mucho a la logística de las extensas campañas militares.

El maíz se utilizaba para hacer harina de maíz, pan de maíz y pasteles. Los incas también tenían debilidad por las palomitas de maíz. Sin embargo, el maíz también era importante como ingrediente principal de la bebida alcohólica chicha, conocida como *aqa* en quechua. La chicha es una cerveza turbia y dulce que aún se puede adquirir en numerosas chicherías de Cuzco y que elaboran las familias y los pueblos para las fiestas. Los incas no bebían agua a menos que estuvieran ayunando; la chicha era la bebida más popular.

La elaboración de la chicha era exclusiva de las mujeres. A las *aclla* se les enseñaba a hacer chicha como parte de su entrenamiento, y durante los ritos de pubertad, las chicas hacían y servían cerveza como recompensa a los chicos que completaban sus pruebas de resistencia. La chicha se vertía delante de las *huacas*, incluidas las momias, y los individuos mojaban los dedos en chicha y la arrojaban a la tierra como una pequeña ofrenda mientras bebían.

El banquete y la bebida mantenían las relaciones de poder entre la nobleza y también alimentaban el sentimiento comunitario entre la gente de todo el imperio. Probablemente, la mayoría de los banquetes terminaban con un exceso de comida, como sigue ocurriendo hoy en día en las culturas quechuas.

La cocina contemporánea de Perú y Bolivia utiliza ingredientes introducidos por los españoles, como el arroz, el trigo, el pollo, la ternera y el cerdo. Pero los alimentos básicos siguen siendo la papa, el maíz, la quinoa y las legumbres. El olluquito con charqui es un plato tradicional hecho con olluco (como una papa, pero crujiente). Se guisa con pequeños trozos de charqui, pero hoy en día suele servirse sobre arroz en lugar de quinua, y el charqui puede ser de carnero en lugar de llama. En muchas comunidades aún se crían y comen cobayas, y comer cobayas fritas se ha convertido en una especie de ritual para los mochileros que visitan Perú.

Capítulo 6: Arte y ciencia

Artes

El arte más conocido de los incas es su arquitectura, visible aún hoy en muchos lugares, sobre todo en Cuzco y Machu Picchu. En muchos sentidos, sus edificios eran extremadamente sencillos, pero también muy refinados en su ejecución.

Las dos construcciones básicas son la *cancha* y la *callanca*. La *cancha* es un grupo de edificios rectangulares de una sola planta y una sola habitación alrededor de un patio, normalmente dentro de un recinto amurallado. Las construcciones de dos pisos suelen encontrarse cuando la pendiente del terreno sobre el que se asienta la casa permite que ambos pisos tengan salida a ras de suelo.

La *callanca*, por su parte, es una gran sala con extremos a dos aguas y múltiples puertas en un lado. Las *callancas* suelen formar uno de los lados de la plaza principal de una ciudad. Podían ser residencias temporales o utilizarse con fines ceremoniales.

Así pues, los planos arquitectónicos incas son muy sencillos. Se prestan a paisajes urbanos en forma de cuadrícula. Pero con frecuencia están hechos en piedra finamente labrada, como en Machu Picchu o en los muros de Coricancha. Las juntas de mampostería se realizan sin mortero y son tan estrechas que es imposible introducir la hoja de un cuchillo entre las piedras. Muchas de las piedras no son rectangulares, sino completamente irregulares. Una de las vistas más célebres de Machu Picchu es la piedra de doce esquinas que está perfectamente encajada entre una docena de piedras más pequeñas de formas diferentes. Los bordes de las piedras están a menudo biselados, creando un fino efecto de claroscuro.

Esta mampostería se creó utilizando solo martillos de piedra y algunas herramientas de bronce, como palancas. Sin embargo, la roca que se utilizó no es blanda como la caliza; suele ser roca ígnea dura, como la andesita, la diorita o el granito. El ajuste detallado no se conseguía con herramientas manuales, sino poniendo barro fino húmedo o arena entre dos piedras y frotándolas entre sí. Esto requería mucha mano de obra, pero el uso de sulfuros de las minas incas podría haber ayudado a disolver la roca rica en sílice[7].

Muros de piedra finamente encajados en Cuzco
Karloanson en Pixabay. https://pixabay.com/photos/stones-cusco-cuzco-city-of-cuzco-2608832/

Una mirada de cerca a algunas mamposterías incas revela un aspecto vidriado y pulido de la roca cerca de las juntas, como si hubiera sido vitrificada. Esto confirma la sugerencia de que las reacciones químicas desempeñaron un papel en el proceso. En las obras de mayor calidad, por ejemplo, en la plaza sagrada de Machu Picchu, el ajuste es exacto por dentro y por fuera. En otras obras, mientras que el exterior está perfectamente acabado, la pared interior está menos bien hecha, con grietas rellenadas por piedras más pequeñas. Es casi seguro que esto hubiera sido enlucido.

---

[7] Tributsch, Helmut. "On The Reddish, Glittery Mud the Inca Used for Perfecting Their Stone Masonry". SDRP Journal of Earth Sciences & Environmental Studies 3 (1), 309-323. 2018.

Gran parte de la mampostería presenta «protuberancias» o salientes de piedra, que en la mayoría de los casos pueden haber sido cinceladas al terminar.

Una característica clave de los edificios incas es la inclinación o conicidad de unos cinco o seis grados con respecto a la vertical. Esto se aprecia no solo en los muros, sino también en puertas, ventanas y nichos. En una zona propensa a los terremotos, el rebaje añadiría resistencia a los muros, pero también tiene un claro atractivo estético. Las puertas son trapezoidales y a menudo tienen jambas dobles o incluso triples como acento en los edificios de clase alta.

Rara vez se encuentran ventanas, por lo que los edificios se iluminaban a través de las puertas. Los nichos se encuentran tanto en el interior como en el exterior; algunos se utilizaban como armarios, mientras que otros podían albergar momias, ídolos u otras *huacas*. Los incas no tenían muebles. Se han encontrado plataformas de piedra y clavijas de piedra en la pared para colgar bolsas. Los de mayor rango podían utilizar taburetes bajos tallados, pero es posible que solo se utilizaran en ceremonias.

Lo que queda de la arquitectura inca son paredes desnudas. Hay que echar mano de la imaginación para reconstruir el aspecto de los edificios con sus tejados de paja. En Machu Picchu, Hiram Bingham descubrió unas clavijas cilíndricas que sobresalían del tejado y unos «ojos» alrededor de los cuales una cuerda habría sujetado las distintas hierbas utilizadas para la paja.

Una vista de Machu Picchu
Patburdubc0 en Pixabay. https://pixabay.com/photos/machu-pichu-peru-ruins-inca-540145/

En muchos casos, las paredes interiores y a veces las exteriores de los edificios estarían recubiertas de yeso de vivos colores. Algunos de los edificios de Huayna Cápac en su hacienda de Quispiguanca conservan restos de rica pintura naranja y roja, mientras que otro palacio en Yucay muestra pintura verde, roja, turquesa y blanca brillante en los nichos que decoran su fachada.

Los afloramientos de piedra natural se incorporan con frecuencia a los edificios. Esto debió ser práctico, pero también es probable que tuviera un aspecto religioso. En una hacienda real, los afloramientos vincularían al Sapa inca con el poder sobrenatural de la *huaca* de la montaña. También había miradores para ver las montañas, que también estaban relacionados con las *huacas* y el sentido de paisaje sagrado.

Construir era una forma de dar forma a la historia. Se esperaba que los Sapa incas construyeran. En cuanto el antiguo Sapa inca moría, empezaba a construir un palacio para el nuevo Sapa inca. En cierta medida, el nuevo Sapa inca iniciaba la labor de convertirse en antepasado, proporcionando palacios y haciendas a su *panaca* para que su momia pudiera ser atendida adecuadamente.

Sin embargo, el verdadero genio de los incas y el segundo sector de la economía, por detrás de la agricultura, era la creación textil. Existían tres clases de telas: las telas para mantas, las telas para ropa general y las telas finas cumbi, que solo vestían los nobles y también se utilizaban como ofrenda quemada a los dioses. En Cuzco, cada mañana se quemaban cien telas cumbi al sol naciente. También se solía regalar tela cumbi a los nobles y funcionarios como recompensa y a los pueblos conquistados como obsequio por unirse al Imperio incaico.

Esta tela se consideraba más valiosa que el oro. La tela nunca se cortaba, por lo que todas las prendas se basaban en simples rectángulos tejidos. Las mujeres vestían una envoltura de tela con un manto prendido sobre los hombros, mientras que los hombres llevaban una túnica sobre un taparrabos. Las mujeres utilizaban el *tupu* (alfiler de ropa) para mantener la ropa en su sitio. Estos alfileres tenían enormes cabezas elípticas y se han encontrado con frecuencia como artefactos. Se fabricaban con diversos metales (los nobles usaban oro, mientras que las clases bajas solían usar cobre o bronce). Tanto el algodón como la lana de alpaca se utilizaban y tejían en telares de cintura (en los que el tejedor ataba los hilos de urdimbre a un árbol o poste y el otro extremo del hilo alrededor de su espalda) o en telares verticales.

Túnica de Túpac Inca, tejida con algodón y lana de vicuña
https://commons.wikimedia.org/wiki/File:Tupa-inca-tunic.png

Los diseños de colores y dibujos brillantes reflejaban el estatus y la pertenencia a un grupo. Los motivos podían tener significados particulares. El rojo, el amarillo y el naranja solían ser los colores predominantes. El azul, en cambio, rara vez se encuentra. El rojo se asociaba con la conquista y la sangre, el negro con la creación y la muerte, y el amarillo con el maíz o el oro. Las plumas eran especialmente apreciadas, se tejían en telas y se utilizaban para los tocados.

Sin embargo, los motivos eran repetitivos, con solo un pequeño número de elementos decorativos diferentes, como cuadrados y dibujos de plumas. Incluso jaguares, pumas y serpientes se mostraban como abstracciones geométricas. Los dibujos de Guamán Poma muestran prendas con pequeños cuadrados en un patrón de cuadrícula regular lleno de adornos, como patrones de damas. Por desgracia, solo se trata de dibujos lineales, así que hay que imaginarse los vivos colores.

Dibujo de Guamán Poma de Ayala de Túpac Yupanqui vistiendo una túnica finamente tejida
https://commons.wikimedia.org/wiki/File:Túpac_Yupanqui_por_Guaman_Poma_de_Ayala.jpg

En cada *ayllu* se hilaba y tejía lo básico para satisfacer las necesidades de la comunidad. Los tejedores expertos eran llevados con frecuencia a Cuzco; las mujeres del *acllahuasi* también tejían telas de alta calidad. Hoy en día se fabrican tejidos similares, pero no con el mismo grado de calidad que lograban los incas.

Al igual que se estandarizaron los tejidos, también se estandarizó la cerámica. Esta estandarización enfatizaba la superioridad inca sobre los pueblos sometidos y, al igual que los textiles, implicaba el uso de patrones geométricos repetitivos. La figura humana casi nunca se utilizaba como tema; cuando aparecía, lo hacía completamente vestida. El frío de los Andes lo explica, pero también se consideraba tabú. Es un gran contraste con la cultura moche, que celebraba alegremente la vida cotidiana de su pueblo en sus cerámicas.

Como los incas no disponían del torno de alfarero, moldeaban su cerámica en dos partes y luego las unían con una barbotina. El trabajo era muy fino y se cocía a altas temperaturas, creando una cerámica dura y pulida de color rojo o beige.

Los incas también eran buenos metalúrgicos y trabajaban el oro, la plata, el cobre y el bronce. El oro se encontraba en los arroyos y a veces se extraía en trincheras. La nobleza tenía el monopolio del uso de metales preciosos, por lo que los plebeyos utilizaban el cobre o el bronce para ornamentos. El bronce también se utilizaba para algunas herramientas. El oro no se utilizaba como moneda o medio de cambio; era puramente decorativo. Las paredes de Coricancha estaban recubiertas de oro, y se dice que el Sapa inca tenía un jardín con flores e incluso animales de oro y plata. Se han encontrado llamas y figuras incas de oro enterradas en lugares sagrados.

El oro se martillaba en frío, se gofraba, se repujaba, se soldaba y se fundía en moldes abiertos y cerrados: un repertorio de técnicas bastante amplio.

Por desgracia, gran parte del arte inca fue transitorio. No sabemos cómo era su música, aunque tocaban flautas similares a las que tocan los músicos andinos hoy en día, como las flautas sopladas y las zampoñas. Usaban caracolas como trompetas. En las secciones rítmicas se utilizaban campanas, sonajas y tambores, pero no se conocían instrumentos de cuerda.

Los primeros cronistas solo conservan algunos ejemplos de poesía inca. Juan de Betanzos, que se casó con la concubina de un Sapa inca, aprendió a hablar quechua y conservó un canto de alabanza, que era una de las formas que tenían los incas de mantener su historia. Destaca por el amplio uso de la rima interna, que debió de facilitar su recuerdo y dotarla de una increíble musicalidad.

«Ynga Yupangue yndin

Yocafola ymalca

Chinboleifolaymalca

Axcoley Haguaya guaya

Haguaya guaya».

«Inca Yupanqui, hijo del Sol, conquistó a los soras y los hizo usar flecos»[8]. Los flecos se ponían en las vestimentas de los pueblos sometidos como señal de su condición subordinada.

Garcilaso de la Vega, que era mitad inca, citó en su crónica un sencillo poema de amor:

«En este lugar

Dormirás

Medianoche

Yo vendré»[9].

Y el poema del lecho de muerte de Pachacútec se ha conservado en dos versiones diferentes. Mientras agonizaba, pronunció estas melancólicas palabras:

«Nací como una flor del campo,

Como una flor fui acariciado en mi juventud,

llegué a mi plena edad, envejecí,

Ahora estoy marchito y muero»[10].

Ciencia

Los incas poseían buenos conocimientos matemáticos y un sistema de medición estandarizado. Utilizaban decimales en su administración y comprendían el concepto de cero, que tenía su propio lugar en el quipu.

---

[8] Niles, Susan A. *The Shape of Inca History: Narrative and Architecture in an Andean Empire.* University of Iowa Press, 1999. Pág. 29.

[9] Malpass, Michael A. *Daily Life in the Inca Empire.* Greenwood Press, Westport, CT, 1996. Pág. 89.

[10] McEwan, Gordon F. *The Inca: New Perspectives.* Pág. 182.

Ya se ha mencionado el uso del quipu para el registro. Parece que era bastante más que un mero dispositivo de recuento. Sin embargo, para los cálculos era inútil; en su lugar se utilizaban tableros de conteo tallados en piedra, con guijarros que podían moverse de un compartimento a otro.

Esto no habría permitido a los incas realizar el tipo de cálculos complejos que podían llevar a cabo los mayas contemporáneos, pero permitía realizar multiplicaciones y sumas básicas. Dependiendo del lugar del tablero en el que se colocara un guijarro, su valor se multiplicaría por dos, tres, seis o doce. Los guijarros de distintos colores podían representar objetos diferentes, lo que permitía realizar cálculos para cosas diferentes al mismo tiempo (por ejemplo, diferentes grupos de edad en un pueblo).

Los incas parecen haber sido matemáticos bastante pragmáticos. No les interesaba el cálculo avanzado ni la teoría y, del mismo modo, sus conocimientos astronómicos se orientaban hacia fines pragmáticos, como saber cuándo plantar y cuándo cosechar. Los mayas eran mucho más avanzados, en parte porque consideraban sagrados ciertos números. Utilizaban la base veinte y disponían de símbolos matemáticos que permitían sumar y restar con facilidad.

Los mayas también utilizaban sus matemáticas para realizar cálculos astronómicos detallados que les permitían crear un calendario perpetuo; de hecho, este tenía una ligera ventaja sobre el calendario que se utilizaba en Europa en aquella época.

Los incas no ignoraban cómo utilizar la astronomía para los fines que consideraban importantes. Por ejemplo, construyeron torres en los puntos cardinales de Cuzco para que, vistas desde el *ushna* (el estrado de la plaza principal), indicaran claramente las fechas de los equinoccios y solsticios, a partir de las cuales se podían calcular las fechas de siembra y cosecha.

Los incas también manejaban simultáneamente dos calendarios distintos. El calendario diurno se basaba en observaciones solares y tenía 365 días solares, mientras que el calendario lunar (nocturno) de 328 días se utilizaba para encontrar las fechas correctas para las ceremonias dedicadas a la luna y las estrellas. El uso de dos calendarios puede reflejar la organización de la sociedad y la religión de los incas en parejas complementarias de luna y sol, hombre y mujer, Sapa inca y coya, y tierra y agua.

Se dice que Pachacútec estandarizó el calendario ritual, que tenía ceremonias para cada mes. Según Brundage, «Su interés estaba menos en el perfeccionamiento de abstrusos cálculos del tiempo y observaciones estelares que en la dramatización de la vida espiritual de su pueblo»[11]. Las ceremonias se crearon con el propósito de reunir al pueblo en sumisión a los dioses, en particular a Inti, y no estaban relacionadas con una visión cosmológica global, como la que poseían los mayas.

Cosas que los incas no tenían

- la rueda
- tornillos
- hierro
- muebles
- limas
- tijeras
- pegamento
- torno de alfarero
- compases
- escuadras en T
- tenazas
- fuelles
- sierras
- arcos y flechas (excepto para las tropas del Antisuyu)
- brocas
- moneda
- escritura

Los incas practicaban la medicina herbal y utilizaban un gran número de hierbas y plantas diferentes en sus remedios. Sin embargo, creían que los espíritus siempre estaban implicados en el proceso de enfermedad y curación. La enfermedad provenía de un desequilibrio de algún tipo,

---

[11] Brundage, Burr Cartwright. *Empire of the Inca*. Pág. 171.

que podía corregirse apelando a una *huaca* o haciendo un sacrificio.

Se utilizaban algunas técnicas quirúrgicas; hay evidencias de trepanaciones (hacer agujeros en el cráneo), y muchos de los cráneos muestran evidencias de recrecimiento óseo. Es posible que el 90% de los pacientes sobrevivieran. Sin embargo, no se sabe si el tratamiento sirvió de algo, aunque es posible que se practicara para aliviar la presión sobre el cráneo de una herida de guerra, en cuyo caso podría haber sido eficaz. Probablemente se utilizaba coca como anestésico.

También hay indicios de empastes dentales de oro, aunque es posible que su finalidad fuera más estética que sanitaria.

El armamento disponible para los incas era básico pero muy eficaz. Los proyectiles incluían la honda, que era muy precisa. Los niños practicaban desde muy pequeños el tiro a pájaros en el campo. También se utilizaban lanzas con palos para arrojar proyectiles. El ejército solía empezar un combate con armas de proyectiles antes de pasar a las armas personales, como porras y mazas. A veces eran de bronce, pero más a menudo de piedra y madera. Los arcos y las flechas solo los utilizaban los súbditos de las zonas amazónicas del este del imperio. Al parecer, tampoco se conocían las espadas.

Otra arma muy utilizada por los incas eran las boleadoras, bolas de piedra que se lanzaban con correas de cuero. Se enrollaban alrededor de los pies del enemigo. La nobleza inca también las utilizaba para cazar.

Capítulo 7: Demografía y religión

Demografía

Es bastante difícil calcular la población del Imperio incaico en la época de la invasión española. Atahualpa destruyó muchos de los registros del imperio, y los españoles destruyeron más. La mayoría de los quipus que sobrevivieron procedían de tumbas, y es poco probable que los registros censales se entregaran como ajuar funerario. Además, aún no sabemos exactamente cómo leerlos.

Las estimaciones varían enormemente, oscilando entre 6 y 37,5 millones. Se han utilizado diferentes técnicas para calcular cuántas personas podrían haber habitado el imperio. Por ejemplo, se ha calculado que la tierra, tal y como la cultivaban los incas, podía albergar a unos trece millones de personas.

Otra forma de calcular las cifras consiste en tomar la población después de la conquista española y ajustarla para tener en cuenta la despoblación que se produjo. En 1946, un arqueólogo y antropólogo llamado John Howland Rowe utilizó cifras de provincias en las que se conocía la población después de la conquista. Asumió una tasa de despoblación de 4:1 y llegó a seis millones. Otro investigador utilizó un índice de despoblación de 25:1 y llegó a una población original de 37,5 millones, pero se trata de una cifra muy atípica. Además, es cuestionable si el terreno podría haber soportado una población tan elevada.

Parece probable que la población del imperio se situara entre los seis y los doce millones de habitantes. Sabemos que en 1580 no superaba los ocho millones.

Sin embargo, esto se refiere a la población del Imperio incaico. De ellos, solo unos cuarenta mil eran incas, y el resto eran súbditos. Los incas eran muy minoritarios. Su preocupación por el linaje y la pureza de sangre hizo que, aunque el imperio estuviera unificado por la lengua y por una amplia asimilación cultural, el pueblo inca permaneciera separado del grueso de la población.

A partir de la época de Pachacútec, el quechua fue la lengua del imperio. Los hijos de los *curacas* eran educados en quechua para que, en la siguiente generación, el gobernante de cualquier nueva conquista fuera quechuahablante y pudiera trabajar en la lengua oficial. Sin embargo, las lenguas de otros pueblos variaban. El aimara se hablaba y se sigue hablando en las antiguas tierras de Tiahuanaco, y había variantes del quechua, como el puquina en el sur y el mochica en las costas del norte. El quingnam, el mapudungun, el chachapoya, el jacaru y el barbacoano, entre otras lenguas, también se hablaban en distintas partes del imperio. En la actualidad, existen cuarenta y cinco variantes diferentes del quechua; el quechua y el aimara siguen siendo las dos lenguas principales de la región.

El *ayllu*, o clan, era la principal organización social. Los matrimonios solían ser endógenos, es decir, dentro del *ayllu*, y tanto el trabajo como las actividades rituales unían al *ayllu*. En la mayoría de las culturas andinas, el *ayllu* poseía y cultivaba sus propias tierras. Sin embargo, los incas «nacionalizaron» la tierra a través de la teoría de que el Sapa inca era su propietario, convirtiendo al *ayllu* en una unidad de administración tributaria; en otras palabras, adaptaron una organización social existente a las necesidades del imperio.

El matrimonio en el Imperio incaico era obligatorio. Si un hombre llegaba a los veinticinco años sin estar casado, el *curaca* le elegía una esposa. La edad habitual de matrimonio para una mujer eran los dieciséis años, pero podía casarse hasta los veinte. Las *aclla* eran la única excepción a esta regla.

El matrimonio en el *ayllu* se concertaba presumiblemente entre los padres o los cónyuges, pero es posible que los matrimonios también se concertaran simplemente alineando a las personas en edad de casarse y haciendo que los hombres eligieran a una esposa, aunque el *curaca* también podía decidir. El matrimonio parece haber sido visto como una relación práctica y recíproca (tanto la novia como el novio intercambiaban regalos), y el matrimonio daba derecho a un hombre a ser tratado como un adulto.

Excepto para la nobleza inca, la monogamia era la norma. Incluso dentro de la nobleza, una esposa era siempre la principal. Una esposa secundaria nunca podía convertirse en esposa principal, incluso si la esposa principal moría. La nobleza inca solía tener sus parejas matrimoniales elegidas por el Sapa inca o, en el caso de las mujeres, por la coya. El Sapa inca tenía menos opciones que nadie, ya que debía elegir a una de sus hermanas de sangre pura.

El adulterio se castigaba con la muerte. Sin embargo, las relaciones prematrimoniales eran habituales y no levantaban sospechas, algo ante lo que los sacerdotes católicos aún tienen que hacer la vista gorda en muchos pueblos quechuas.

Los muertos formaban parte del *ayllu* y de la familia. A menudo se les enterraba en *chullpas*, cámaras funerarias a modo de pequeñas torres o casas a disposición de todo el *ayllu*. El Día de los Muertos mexicano es muy conocido hoy en día, pero los incas y otros pueblos andinos también tenían una fiesta en noviembre en la que se visitaba a los antepasados y se les daba un banquete. Probablemente también se contaban historias de los antepasados del *ayllu*.

Los roles de género en las sociedades andinas se consideraban complementarios. Las mujeres tenían su propio linaje y sus propios ritos. Aunque las mujeres y los hombres tenían tareas diferentes en el campo, trabajaban juntos y cooperaban. Hay pruebas que sugieren que las mujeres podían tener el poder o ejercerlo conjuntamente con sus maridos, aunque el aumento de la diferenciación de clases del Imperio incaico parece haber incluido una disminución del poder de las mujeres. Aun así, se recuerda a varias coyas como especialmente influyentes. La coya de Pachacútec, Mama Ocllo, sugirió una estratagema para tomar una ciudad en Chimor que estaba gobernada por una mujer (puede que se considerara adecuado que una mujer, en lugar del Sapa inca, aceptara la sumisión de otra mujer).

Los incas nunca cogían en brazos a los bebés, ya que se consideraba que tal movimiento los haría «blandos». Para amamantar, la madre se inclinaba sobre el niño, del que se esperaba que se prendiera, igual que una cría de llama. El trabajo para la mayoría (excepto la nobleza) empezaba pronto. Un niño de siete años trabajaría, aunque al principio sería un trabajo fácil. Los niños disparaban y espantaban a los pájaros de las cosechas, lo que les resultaba útil y les enseñaba habilidades para el servicio militar posterior.

Los chicos seguían endureciéndose con sus rituales de pubertad, que incluían una serie de pruebas, como vigilias, azotes, ayunos y ascensiones a montañas. La familia les hacía regalos, pero cuando se portaban mal, los azotaban en las piernas para que no fueran demasiado blandos.

No había libertad de movimientos. La mayoría de la gente se quedaba en sus aldeas a menos que tuviera que trabajar en otro sitio, como en el ejército o en un proyecto importante, como la construcción de una carretera. Cualquiera que estuviera en la carretera tenía asuntos oficiales. Como los súbditos debían llevar sus ropas y tocados tradicionales, se sabría si intentaban desplazarse sin permiso. Si iban a Cuzco, como podían hacer los *curacas*, debían alojarse en el barrio de la ciudad que correspondía al lugar de su provincia en el imperio.

La educación era solo para las clases dirigentes y las «mujeres elegidas». Los niños aprendían quechua, la religión inca, el uso del quipu y la historia incaica durante cuatro años en Cuzco. Les enseñaban los *amautas* (maestros). La *aclla* podía aprender en Cuzco o en una casa provincial de mujeres. El hilado, el tejido, la cocina, la religión y la elaboración de la chicha formaban parte de su curso de cuatro años.

Religión

La religión inca derivaba de las tradiciones andinas comunes, que veían el mundo como un conjunto de dualidades que debían mantenerse en equilibrio. Los dioses podían tener nombres distintos en lugares diferentes y preocupaciones ligeramente distintas, pero había tres deidades principales: un dios creador, bastante distante (en la mitología inca, Viracocha se adentró en el Pacífico tras observar su creación); una diosa madre vinculada a la luna y el agua; y un dios del clima y las montañas.

Un dibujo de 1615 del modelo cósmico que se exhibía en Coricancha muestra las oposiciones del cielo y la tierra, el sol y la luna, el lucero del alba y la estrella de la tarde, y el verano y el invierno. Masculino y femenino era otra dualidad clave. En la religión inca existe una «cadena» masculina que une a Inti, el sol, el lucero del alba, el Inca y todos los hombres. También había una «cadena» femenina que unía a Mama Quilla, la luna, la estrella de la tarde, la coya y todas las mujeres. En el lago Titicaca, el dios y la diosa tienen cada uno una isla en medio del lago. Este equilibrio recorre toda la religión inca. Solo Viracocha, que se mostraba como un huevo o un óvalo, trasciende la dualidad; es el origen, el equilibrio, y contiene en sí mismo lo masculino y lo femenino y todas las demás dualidades.

Viracocha creó el mundo. Sacó el sol y la luna del lago Titicaca, formó a los hombres y a los animales y pintó las vestimentas de cada tribu, mostrando que la diferenciación observada por los incas entre los distintos pueblos se remontaba al creador. A continuación, Viracocha viajó hacia el norte. Llegó a Ecuador y se adentró en el mar, pero algún día podría regresar. La idea de su regreso jugaría un papel interesante a la llegada de los españoles. La falta de resistencia por parte de algunos incas pudo deberse a su creencia de que Francisco Pizarro era el Viracocha que regresaba.

Los historiadores Geoffrey Conrad y Arthur Demarest afirman que «las generalizaciones más convincentes sobre la religión mesoamericana ven el panteón como una personificación de segmentos o nodos específicos en el orden cósmico sagrado y continuo del tiempo y el espacio mismos»[12]. Es decir, las creencias subyacentes en el orden y el equilibrio no variaban, aunque los dioses individuales pudieran diferir. Dado que el «complejo divino» era polifacético, cualquier dios podía adoptar aspectos individuales sin negar ninguno de los otros.

Esta fue una de las razones por las que floreció el Imperio incaico. Los incas no veían ninguna razón por la que los pueblos sometidos no pudieran seguir adorando a sus propios dioses (siempre que pagaran sus impuestos), ya que estos dioses no suponían ninguna competencia para Inti y los demás dioses incas. Sin embargo, a veces los incas tomaban a los ídolos como rehenes. Se los llevaban a Cuzco para garantizar el buen comportamiento de un pueblo recién conquistado. Tras la conquista española, los incas adaptaron la Virgen María a la diosa andina Pachamama. El culto a la Virgen María en Bolivia y Perú tiene fuertes reminiscencias de la Pachamama (por ejemplo, se le dan libaciones de chicha) y, en muchos casos, una iglesia dedicada a ella ocupó un santuario de la Pachamama.

El mito del origen inca muestra abiertamente el equilibrio masculino/femenino. Mama Huaco, como hermana-esposa de Manco Cápac, equivale a Pachamama, la deidad femenina andina más común. Este equilibrio se reflejaba en muchos rituales. Por ejemplo, el matrimonio del Sapa inca con su hermana-esposa formaba parte de los

---

[12] Conrad, Geoffrey & Demarest, Arthur A. *Religion and Empire: The Dynamics of Aztec and Inca Expansionism.* Pág. 18

rituales de coronación, y ambos cónyuges eran exaltados en los ritos. En la danza ceremonial hacia el Coricancha en las grandes fiestas, las mujeres bailaban a un lado y los hombres al otro. E incluso en la época colonial, algunos pueblos tenían dos ídolos: uno masculino, propiedad de un hombre que lo heredaba de su padre, y otro femenino, que se transmitía por línea paterna. Sin embargo, con el tiempo, a medida que los incas pasaron de ser una tribu a una potencia imperialista, la deidad solar Inti pasó a dominar el panteón inca.

Inti era la única deidad adorada exclusivamente por los incas. Era el disco solar, un conquistador y el padre de los clanes incas y del propio Sapa inca. Cuando se celebraban las grandes fiestas del culto a Inti, las *huacas* no incas y no autóctonas (como ídolos traídos de otros templos) eran expulsadas del interior de la ciudad de Cuzco. Una oración a Inti que ha sobrevivido muestra hasta qué punto estaba integrado en la ideología de conquista del imperio:

> «¡Oh Sol, padre mío, que dijiste "hágase el Cuzco" y por tu voluntad se fundó y se conserva con tanta grandeza! Que estos hijos tuyos, los incas, sean conquistadores y despojadores de toda la humanidad. Te adoramos y te ofrecemos este sacrificio para que nos concedas lo que te suplicamos. Hazlos prósperos y hazlos felices, y no permitas que sean conquistados por nadie, sino que sean siempre conquistadores, ya que para eso los hiciste»[13].

Originalmente, Illapa, el dios del cielo, el trueno y la lluvia, era la contraparte masculina de Pachamama, la diosa madre andina genérica. Sin embargo, los incas sustituyeron a estos dioses genéricos andinos por Inti y Mama Quilla, el sol y la luna. (Cuando la gente adoraba a Inti, también adoraba a su gobernante, el Sapa inca; las ideologías religiosas y políticas estaban unificadas). Illapa permaneció en el panteón, pero su estatus se redujo.

Los pueblos andinos también creían que ciertos lugares del paisaje eran sagrados, como los manantiales, las cuevas y las montañas, que los incas llamaban *huacas*, junto con otras cosas sagradas, como las momias de los antepasados y los lugares de las grandes batallas y otros acontecimientos. También en este caso, la religión inca no difiere de las religiones existentes en la mayoría de los pueblos de la región.

---

[13] McEwan, Gordon F. *The Inca: New Perspectives*. Pág. 181.

Cuando los incas se apoderaron de algunos lugares sagrados bastante conocidos, los integraron en su panteón. Por ejemplo, el oráculo de Pachacamac, cerca de Lima, es anterior a los incas, ya que se construyó hacia el año 600 e. c. como parte del culto huari. Los incas adoptaron a este dios creador, aunque lo consideraban inferior a Viracocha, y añadieron un *acllahuasi* al complejo.

La casa natal y la casa mortuoria de un Sapa inca se convertirían en *huacas*, y el punto en el que un viajero coronaba el paso hacia el valle y veía por primera vez Cuzco también era una *huaca*. Incluso un amuleto podía ser una *huaca*. Los afloramientos rocosos se tallaban a menudo como «postes para el sol» (*intihuatana*), y las rocas que rodeaban los manantiales también podían estar talladas. Es posible que las fuentes finamente estructuradas de algunas haciendas reales tuvieran un significado sagrado, además de ser el origen de los canales de riego de la hacienda.

Las religiones andinas también hacían hincapié en la idea de que los muertos seguían activos en el mundo, aunque de forma diferente a los vivos. El culto a los antepasados no empezó con los incas; por ejemplo, el museo de Trujillo (Perú) contiene un modelo de arcilla de la cultura chimú que muestra un santuario en el que se venera a una momia. Se llevaban alimentos a la casa en la que se depositaban los cadáveres y siempre se consultaba a los muertos antes de tomar decisiones.

A pesar de ello, los incas también parecen haber tenido un concepto de vida después de la muerte, que, al igual que la sociedad inca, estaba diferenciada por clases; la nobleza iría al *hanan pacha*, el mundo de arriba, mientras que la gente común iría al *ukhu pacha*, el mundo de abajo.

Tenemos un ejemplo de oración a los antepasados:

«¡Oh padres, guacas y vilcas, nuestros abuelos y antepasados! Proteged a estos hijitos vuestros para que sean felices y muy afortunados como vosotros mismos; interceded ante Viracocha por ellos; acercadlos a él para que les dé la protección que os da a vosotros»[14].

---

[14] McEwan, Gordon F. *The Inca: New Perspectives.* Pág. 181.

Dioses Incas

Viracocha	Dios creador, ahora ausente
Inti	Dios Sol, específicamente el dios de la conquista Inca y el padre del Sapa inca
Mama Quilla	Diosa de la Luna (un aspecto de Pachamama), la contraparte femenina de Inti.
Illapa	Dios del tiempo/de la lluvia/del trueno; en la antigua religión andina, contraparte masculina de Mamacocha; sustituido en el panteón inca por Inti.
Supay	Dios del inframundo (traducido erróneamente como «demonio» por los españoles).
Pachamama	Diosa madre, venerada bajo diversos aspectos («hijas»)
Mamacocha	Madre del mar o madre del agua
Mamasara	Madre del maíz —un aspecto específico de Mamacocha
Y también venerados:	
Mallqui	Momias y ancestros
Huaca	Lugares sagrados

Los incas crearon un enorme estamento religioso que contaba con una gran formalidad y ritualidad. El sacerdote del Inti era siempre un pariente del Sapa inca (a menudo era su hermano). Dirigía un gran sacerdocio, que incluía *mamaconas* (sacerdotisas) de las mujeres elegidas. Los templos se consideraban principalmente casas para la deidad y los antepasados. El culto comunitario se celebraba en la plaza principal de Cuzco. Las deidades y momias de los Sapa incas y las coyas se sacaban del templo y se sentaban en el lugar de honor. Todas las ceremonias terminaban con un festín y el consumo de chicha. A menudo se bailaba, pero era un baile lento y ceremonial; los incas no parecían tener el concepto de bailar para divertirse.

El sacrificio era una parte importante de la religión inca. A menudo, se trataba simplemente de depositar hojas de coca delante de una *huaca*, verter chicha en el suelo o dejar comida. Otra forma frecuente de sacrificio era la quema de telas cumbi. En algunos santuarios, las conchas marinas, símbolo del agua, se rompían y luego se enterraban.

Podían sacrificarse cobayas, pero el sacrificio de sangre más común era el de una llama. Las llamas pardas se sacrificaban a Viracocha, las blancas a Inti y las mestizas a Illapa. Los ídolos y las momias se untaban con su sangre; las momias solían tener sangre untada en la cara o en las máscaras.

También se practicaban sacrificios humanos, pero a una escala mucho menor que en las sociedades centroamericanas, especialmente en el Imperio azteca. Los sacrificios humanos se reservaban generalmente para dos acontecimientos: las coronaciones y las guerras. Los prisioneros de guerra podían ser sacrificados, aunque generalmente no se hacía si una tribu se sometía al dominio inca. Por lo demás, las víctimas solían ser niños de entre diez y quince años, y siempre no incas. Se les daba un banquete y bebían coca o chicha, tras lo cual eran estrangulados, enterrados vivos o apaleados. A veces, los degollaban. No se sabe con certeza por qué se sacrificaba a estos niños.

A veces, los niños sacrificados eran enviados desde Cuzco a *huacas* de provincias lejanas. Los cuerpos liofilizados de niños sacrificados en las montañas se están descubriendo ahora en la cima de montañas como el Llullaillaco y el Aconcagua. Estas «momias incas» no están relacionadas con los fardos momificados de los incas y antepasados de Sapa; la momificación en el caso de los sacrificios de niños fue accidental. Sin embargo, el increíble estado de los restos ha proporcionado a los arqueólogos una enorme cantidad de información, incluidos ejemplos de tejidos incas.

Se practicaban varios tipos de adivinación. Por ejemplo, alguien podía masticar coca y luego escupir el jugo en la mano, observando los patrones que formaba, o podía arrojar guijarros. También se quemaba coca o grasa de llama para crear humo que formaba dibujos en el aire. Otro tipo de adivinación se asociaba a los sacrificios y consistía en inflar un pulmón de un animal sacrificado como si fuera un globo y observar los dibujos en la membrana inflada.

Algunos santuarios importantes tenían sus propios oráculos. El río Apurímac tenía su propio oráculo, un poste con dos pechos de oro atados a él (quizás era una forma de atribuir características humanas al río). El nombre Apurímac significa «el dios que habla». También había un oráculo en Pachacamac, en la costa.

Los ritos, como el de la pubertad, no eran individuales, sino colectivos. En Cuzco, los ritos de pubertad se celebraban anualmente en el mes de Cápac Raymi (diciembre) para todos los muchachos que cumplían los requisitos para ello. El rito incluía una serie de pruebas:

- Comenzaba con un periodo de ayuno.
- Los muchachos eran enviados a recoger hierba dura para fabricar sus propias sandalias.
- Subían a la montaña sagrada de Huanacauri y velaban.
- Eran azotados violentamente en varias ocasiones durante los ritos.
- Les perforaban las orejas y les ponían los tapones que distinguían a los incas de sangre pura.
- Se reunían en la plaza principal frente a los Sapa incas (pasados y presentes), donde se recitaban las hazañas del Inca.
- Tenían que correr por las empinadas laderas del monte Anahuarque, al pie del cual, las muchachas, cuya pubertad se había celebrado ese año, esperaban con enormes jarras de chicha.
- Al final de los ritos, recibían sus nombres de adultos y participaban en las ceremonias que se celebraban en toda la ciudad a finales de mes.

Parte de este ritual suena como el peor tipo de «burla», algo que tendría que soportar un joven en un internado del Imperio británico. Probablemente, tanto el razonamiento como el ambiente imperialista eran bastante similares.

Los matrimonios también eran un rito colectivo para los incas, al menos en muchos casos. En las etapas más importantes de sus vidas, los incas se vinculaban al colectivo y, al convertirse en miembros de pleno derecho de su tribu, reconocían el poder de su emperador y su linaje. Como los incas no tenían escritura, algunos los llaman prehistóricos, pero eran muy conscientes de su propia historia, que se repetía en cada ceremonia.

TERCERA PARTE: LA EXPANSIÓN Y LA CONQUISTA ESPAÑOLA

Capítulo 8: Expansión hacia el norte

Hasta el momento, los incas solo gobernaban la zona inmediata a Cuzco y el valle de Yucay. Pachacútec creó una ideología y una burocracia imperiales, pero fue su hijo, Túpac Inca Yupanqui, quien, primero como líder guerrero y luego como Sapa inca, expandió el imperio hacia el norte y hasta la costa.

Túpac Inca Yupanqui nació hacia 1448, diez años después de la ascensión de su padre. Fue nombrado cogobernante a la edad de dieciséis años y se casó con Mama Ocllo, su hermana, al año siguiente de la incursión en Cajamarca.

El pueblo chimú y su reino de Chimor, en la costa, habían estado al tanto del ascenso de los incas. No obstante, estos no estaban cerca. Su ascenso no los había amenazado. Pero el avance del hermano de Pachacútec, Cápac Inca Yupanqui, en Cajamarca despertó el interés de Chimor por los incas. Comenzaron a hacerse evidentes las líneas de división.

Durante el corregimiento, entre 1463 y 1470, los incas se dedicaron a pacificar el norte del imperio. Túpac Inca fue enviado al norte con diez mil hombres y tres generales, siendo estos últimos familiares cercanos. Al principio, no necesitó luchar. Simplemente levantó su campamento a la vista de los huancas de Jauja y esperó. Cuando los *sinchi* de Jauja aparecieron, le ofrecieron buenos regalos y hospitalidad, y lo enviaron de vuelta a su tribu. Este despliegue, junto con la diplomacia de Túpac

Inca, debió de explicar los beneficios de pertenecer a un sistema político rico y en expansión, induciendo a los huancas a unirse voluntariamente como súbditos del Imperio incaico.

Túpac Inca llegó a Cajamarca, que ya estaba en poder del imperio, y la fortificó más. También trajo incas para que se establecieran como parte de la *mitma*, asegurando así una firme presencia inca. Esto le habría proporcionado un buen flujo de información sobre cualquier disturbio de los nativos y una mayor difusión de la cultura inca. Ahora los incas podían llegar hasta Ecuador e incluso hasta el sur de Colombia. Chimor era la siguiente en la lista.

Chimor había sido fundada alrededor del año 900 e. c. en la costa norte de Perú, por lo que era una sociedad más madura que la inca. Su expansión comenzó más o menos al mismo tiempo que la de los incas, hacia el año 1200 de nuestra era. Sus instituciones parecen haber sido similares a las de los incas; los gobernantes reivindicaban la descendencia divina y se practicaba el culto a los antepasados y la herencia dividida (de modo que los bienes de los gobernantes muertos eran administrados por su patrimonio y no descendían al siguiente gobernante).

La capital de Chan Chan tenía un núcleo urbano de seis kilómetros cuadrados, aunque estaba situada dentro de un área mucho mayor de asentamientos menos densos. Estaba construida principalmente de adobe. El ambiente árido del desierto costero ha permitido que sobreviva en buen estado, y las ruinas han sido ampliamente excavadas.

La ciudad contaba con diez grandes palacios o ciudadelas construidos secuencialmente en el centro de la ciudad, que incluían grandes plataformas funerarias y los cuerpos de las mujeres sacrificadas. Estas ciudadelas no estaban selladas, por lo que es posible que los cuerpos fueran introducidos en las plazas principales para procesionarlos en determinadas ceremonias. La distribución y la naturaleza de las viviendas en Chan Chan muestran que, al igual que los incas, los chimú tenían un sistema social diferenciado por clases. Sin embargo, parecen haber rendido culto a la luna, considerándola más poderosa que la divinidad solar.

Herederos de las tradiciones moche, los chimú tenían un enfoque mucho más variado y naturalista de la cerámica y el arte. Además, a diferencia de los estrictos incas, no tenían problemas con la sexualidad humana (algo profusamente ilustrado en la cerámica de sus predecesores, los moche). Sin embargo, al igual que los incas, eran expansionistas; habiendo comenzado en el valle de Moche, se expandieron por toda la costa hacia el norte y el sur.

Minchancaman, el Chimú Cápac, continuó esta expansión y tomó Huarmey, el territorio más meridional de Chimor en la costa. A continuación, se concentró en el reino de Cuismancu, situado entre el territorio chimú y el inca. Así, a principios de la década de 1460 se preparó el escenario para el enfrentamiento entre los incas y los chimúes. Túpac Inca avanzó hacia Chimor y consiguió saquear varias ciudades, pero no pudo mantener su campaña. Así que se desplazó más al norte.

Primero sometió a los cañari y tomó su capital, Tomebamba (actual Cuenca, Ecuador). Fue una gran victoria. Túpac Inca reasentó a muchos de los cañari más al sur y envió a algunos a Cuzco. Estas deportaciones masivas garantizaron el asentamiento adecuado del territorio. La administración inca inició las obras del Camino Real a través de la zona y eliminó la amenaza de una rebelión detrás de las líneas del frente. Tras dos años de campaña, Túpac Inca regresó a Cuzco para celebrar su triunfo.

Pronto volvió a la guerra, esta vez en dirección a Quito desde su segura base de Tomebamba. Si su programa de mano de obra hubiera avanzado en la construcción del Camino Real hasta Tomebamba, eso habría ayudado mucho en la logística de la campaña. Fue una guerra dura, pero los incas finalmente derrotaron a sus oponentes. Túpac Inca estaba ahora asentado en el norte. Su heredero, Huayna Cápac, nació en Tomebamba (de ahí el nombre de su *panaca*, Tomebamba panaca), no en Cuzco.

Pero la costa, y no Quito, era el objetivo final. Habiendo tomado el norte, Túpac Inca podía ahora utilizar un movimiento de pinza para flanquear Chimor. Se dirigió hacia Tumbes, en la costa al oeste de Quito, y tomó la ciudad. (Irónicamente, fue Tumbes donde Pizarro y su expedición española llegaron por primera vez en barco). Tras tomar Tumbes, Túpac Inca envió a la mitad de su ejército hacia el sur, al mando de Auqui Yupanqui y Tilca Yupanqui, mientras la otra parte del ejército ascendía por la costa desde el sur. Chan Chan quedó atrapada entre las dos partes del ejército inca, y su gobernante, Minchancaman, no tuvo más remedio que someterse. Esto ocurrió probablemente alrededor de 1470, un año antes de la ascensión de Túpac Inca como

Sapa inca.

Minchancaman fue trasladado a Cuzco, y su hijo fue nombrado gobernante en su lugar, sirviendo como títere inca. Minchancaman se casó con una de las hijas de Túpac Inca, lo que vinculó firmemente a la familia gobernante de Chimor con el estamento inca. Sin embargo, Chimor no fue conquistada por completo con la toma de Chan Chan; los esfuerzos por completar la conquista continuaron hasta bien entrada la década de 1470.

La victoria fue un testimonio notable del pensamiento estratégico de Túpac Inca. Pero lo más notable de esta victoria fue que el ejército inca luchaba a nivel del mar y en el calor del desierto. Normalmente, la mayoría de las tropas vivían y se entrenaban a más de tres mil metros de altura.

Túpac Inca se dirigió una vez más a Cuzco para celebrarlo. Esta vez, tras las celebraciones de la victoria, tomó el control total del imperio. Pachacútec pudo haber abdicado, o pudo haber sido expulsado por un golpe de estado similar al que había organizado contra Viracocha.

A continuación, Túpac Inca se concentró en la zona de la costa al sur de Cuismancu. Era una tierra menos rica que Chimor, pero contaba con numerosos oasis fértiles, incluido el emplazamiento de la actual capital de Perú, Lima. Los habitantes de esta región también comerciaban con el interior, hasta el lago Titicaca. Túpac Inca aprovechó su campaña para visitar el famoso templo de Pachacamac, donde interrogó al oráculo. Absorbió cuidadosamente al dios Pachacamac en la religión inca, aunque lo sometió a Viracocha. También creó carreteras entre Lima y Cuzco, y trasladó a los incas y a otros súbditos a la región para garantizar la sumisión de la población.

Sin embargo, los huarcas eran difíciles de someter. Túpac Inca tomó una medida notable para someterlos; construyó una ciudad conocida como Incahuasi. Era una ciudad guarnición en el cañón cercano a Huarco. Según John Hyslop, Incahuasi era un «Nuevo Cuzco», un facsímil simbólico de la capital inca rodeado de líneas de *ceque* que conectaban lugares sagrados, al igual que Cuzco. La nueva ciudad constaba de seis kilómetros cuadrados. Túpac Inca tardó cuatro años en sitiar la zona. Una vez tomada, mandó masacrar a los defensores y transformó el fuerte de adobe en una fortaleza inca con muros de piedra. Nuevo Cuzco fue abandonado; había cumplido su cometido.

Después de esto, Túpac Inca expandió el imperio por la costa hasta

Ecuador, pero el trabajo no estaba completo, ya que los nuevos territorios no se habían consolidado del todo. Cuando Huayna Cápac le sucedió como Sapa inca, se produjo un levantamiento general en el norte. El reinado del nuevo Sapa inca se dedicaría a consolidar el norte del imperio. Con ello se pretendía fortalecer el imperio, pero en realidad lo debilitó considerablemente y condujo indirectamente a la guerra civil que impidió a los incas defenderse eficazmente de los españoles.

Afortunadamente, la parte sur del imperio estaba en paz. Esto permitió a Huayna Cápac concentrarse en las provincias del norte. También le permitió recurrir al sur en busca de hombres y suministros. Como se llevó a los mejores guerreros de los pueblos Lupaca y Colla en su campaña, también privó al sur de todos los líderes de una posible rebelión.

Huayna Cápac, de 23 años, dejó a su joven hijo Huáscar en Cuzco, a cargo de Huaman Achachi como regente; puso a su hermano mayor, Auqui Túpac Inca, y a alguien llamado Michi a cargo del ejército. Huayna Cápac se estableció en Tomebamba. Al principio, Tomebamba fue probablemente solo un centro de operaciones del norte, pero parece que poco a poco se convirtió en una capital norteña.

Los caranquis del norte de Ecuador habían cortado el paso a las guarniciones incas del norte y empezaban a amenazar Quito. Cuando Huayna Cápac se lanzó contra ellos, fue derrotado de forma aplastante. Tuvo que llamar a nuevas tropas incas desde Cuzco. Y en ese momento, cometió un error táctico: decidió humillar a los líderes que le habían fallado en el asalto al Caranqui.

En respuesta, Michi lideró un motín de los incas contra el Sapa inca. Robó la *huaca* del ejército (un ídolo que representaba al dios de la montaña Huanacaure) del templo y emprendió la marcha de regreso a Cuzco.

Huayna Cápac pudo pagarle con tesoros y mujeres del *acllahuasi*, pero esto debió de dañar drásticamente el prestigio del Sapa inca. El ejército sabía ahora que podía ser chantajeado.

Brundage especula que el imperio había crecido hasta tal punto que Huayna Cápac pudo haberse dado cuenta de que los funcionarios del gobierno que solo tenían sangre inca pura ya no podían trabajar. Estaba trabajando para acabar con el monopolio inca, lo que lo enfrentó a sus principales asesores militares. Ciertamente, el imperio se estaba haciendo abrumadoramente grande, y la distancia entre Tomebamba y Cuzco, en particular, presentaba grandes dificultades para administrar el imperio con eficacia.

Auqui Toma, hermano del Sapa inca, fue elegido para dirigir un segundo asalto al Caranqui y estuvo a punto de conseguirlo, pero fue asesinado antes de poder tomar la fortaleza. Huayna Cápac tomó el mando del tercer asalto al Caranqui. Esta vez, utilizó tácticas inteligentes en lugar de la fuerza. Tras dividir su ejército en tres divisiones, trasladó a dos de ellas para que apoyaran a otros fuertes en poder de los incas. Sin embargo, en cuanto se perdieron de vista, estas divisiones se replegaron y se mantuvieron en reserva cerca del campo de batalla.

Huayna Cápac atacó la fortaleza de Caranqui. Pasó algún tiempo en batalla antes de sonar la retirada. Los Caranqui salieron a luchar, seguros de que tenían la ventaja sobre el número relativamente pequeño de hombres que Huayna Cápac tenía bajo su mando. Estaban decididos a masacrar y saquear a los incas que huían.

En ese momento, las otras dos divisiones del ejército inca salieron de sus escondites y atacaron a los caranquis por ambos flancos. Lo que ocurrió a continuación debió de ser similar a las *battues*, la práctica de arrojar grandes manadas de animales a una red, algo que los nobles cazadores incas hacían en las montañas. Los Caranqui fueron conducidos a los pantanos y masacrados.

Comenzaron los trabajos para reconstruir la fortaleza de Caranqui como centro provincial inca. La zona se repobló con súbditos leales y el norte volvió a estar seguro. Pero el ejército había quedado debilitado por varias derrotas muy sangrientas, y se habían extraído recursos de otras partes del imperio para apoyar el esfuerzo bélico. Además, Huayna Cápac llevaba demasiado tiempo fuera de Cuzco; Tomebamba se había convertido prácticamente en un segundo Cuzco. Y mientras tanto, Huáscar, su heredero, se había quedado en Cuzco y no tenía experiencia en la guerra. Y su falta de experiencia se convirtió en una desventaja cuando le tocó enfrentarse a la rebelión de Atahualpa.

Capítulo 9: Rumbo al sur

Además de dirigirse hacia el norte, Túpac Inca expandió el Imperio incaico hacia el sur, conquistando los lados meridional y oriental de la meseta andina e incorporando plenamente al imperio el lago Titicaca y el antiguo emplazamiento de la cultura Tiahuanaco. (En aquel momento, la cultura Tiahuanaco solo tenía trescientos años de antigüedad, y los restos de su arquitectura debieron de ser aún más impresionantes de lo que son hoy).

Pachacútec ya había conquistado a los collas, pero había sido demasiado severo con ellos. En cuanto murió, se liberaron de nuevo de los grilletes incas. Túpac Inca tuvo que traer refuerzos del norte para contrarrestar su rebelión, y lo hizo de forma muy convincente. Los collas, al norte del lago Titicaca, vieron cómo su ejército era exterminado y sus *huacas* arrojadas a un profundo lago. Al ver esto, los lupaca, que vivían al sur del lago Titicaca, se rindieron sin oponer resistencia.

Debió de ser entonces cuando surgió la versión titicaca del mito de la creación inca, en la que Inti producía a Manco Cápac y Mama Ocllo del lago. Para integrarlo con la historia existente de la cueva de Pacaritambo, se invocó la idea de un viaje subterráneo. Los ídolos existentes fueron reemplazados. Inti, en lugar del gato dorado colla, pasó a ser el dios de la isla Titicaca, mientras que la diosa madre, Mama Quilla, se asoció a la isla Coati. De vez en cuando, los ídolos de ambos dioses visitaban ritualmente sus respectivas islas.

El territorio de los collas estaba ahora más ocupado. Se deportó a muchos nativos y se repoblaron las aldeas desiertas Se reubicaron en esta zona 42 tribus o naciones diferentes del resto del Tahuantinsuyo, creando una comunidad cosmopolita en la que predominarían los valores incas o, al menos, en la que los valores colla y lupaca quedarían muy diluidos.

Sin embargo, más al este había problemas. La cuenca del Amazonas es completamente diferente de las tierras al oeste de los Andes. En primer lugar, es muy húmeda, ya que los vientos dominantes hacen que las precipitaciones caigan en la vertiente oriental de las montañas. En segundo lugar, está cubierta de espesa selva, un entorno completamente ajeno a los incas y a los demás pueblos de su imperio. Un miembro de la tribu amazónica con arco y flecha podía disparar a los soldados incas sin ser visto, y abrir caminos era difícil o imposible. Asimismo, no existían, que se sepa, culturas urbanas. Desde luego, los incas no podían librar su tipo preferido de guerra en la Amazonia.

La presencia de la selva en el este los obligó a ir más al norte y al sur. Esto terminó por forzar al imperio a la camisa de fuerza de una delgada franja de tierra de miles de kilómetros de largo y conectada por dos caminos principales norte-sur como una escalera con varios peldaños entre ellos, que conectaban las ciudades del interior con la costa. Los incas llegaron hasta el río Maule, en Chile. Allí fueron derrotados por los mapuches, que aún hoy pueblan Chile y Argentina. Este fue el punto más meridional al que llegaron los incas.

Capítulo 10: La llegada de Pizarro

Los españoles llegaron a América Latina desde el norte. Hernán Cortés pasó un tiempo en las islas caribeñas de La Española y Cuba. En 1519 emprendió una expedición al continente, atravesando México, y en 1521 tomó la capital azteca de Tenochtitlan. Se enriqueció con el oro azteca y fundó Nueva España, con su capital, Ciudad de México, en el emplazamiento de la destruida Tenochtitlan.

Sin embargo, no todo el mundo se alegró de que Cortés se enriqueciera. El conquistador español Francisco Pizarro buscaba su propia fortuna junto con su socio, Diego de Almagro. Habían oído rumores de un país rico al sur de Panamá donde había mucho oro, y decidieron partir en su busca.

Su primera expedición, en 1524, fue un fracaso, pero la segunda, en 1526, resultó más interesante. Pizarro se quedó solo, ya que Almagro había regresado a Panamá en busca de suministros, pero su piloto, Bartolomé Ruiz, que había continuado bajando por la costa hacia el sur, se encontró con comerciantes locales de Tumbes en una balsa que llevaban ropas finas y adornos de oro y plata. Le explicaron que el oro procedía de muy al sur. Las historias eran ciertas, o eso parecía, y se las contó a Pizarro a su regreso.

Sin embargo, Pizarro no pudo encontrar el tesoro y las condiciones eran duras. Las serpientes, las enfermedades y la desnutrición estaban acabando con sus hombres. Así pues, Pizarro dejó que los que quisieran marcharse regresaran a Panamá. Mientras tanto, esperó con trece hombres a que Almagro volviera con provisiones. (Las cosas se complicaron cuando el gobernador de Panamá decidió ordenar el abandono de la expedición, pero Cortés ya había sentado un precedente cuando ignoró al gobernador de Cuba y partió hacia México. Pizarro y Almagro también decidieron ignorar a las autoridades). Cuando Almagro envió un barco a recogerlos, junto con nuevos reclutas, Pizarro decidió dirigirse al sur, hacia Tumbes, adonde llegó en 1528.

Los españoles fueron recibidos calurosamente en Tumbes, y los hombres que Pizarro envió a reconocer la ciudad informaron de que habían visto gente con oro y plata. Los hombres también trajeron noticias de «pequeños camellos» (llamas). Pizarro también oyó hablar de un poderoso imperio al sur y estaba convencido de que la riqueza de Tumbes era una señal de que el imperio sería aún más rico y valdría la pena conquistarlo.

Pizarro regresó al norte, a Panamá, en busca de una fuerza mayor que su puñado de hombres. Pero tenía un gran problema: el gobernador se negaba a permitir otra expedición al sur. Pizarro tenía que rendirse o apelar a una autoridad superior, lo que significaba navegar hacia España. Así que todo quedó en suspenso mientras Pizarro se dirigía a Sevilla y luego a Toledo. Finalmente obtuvo una licencia real que le autorizaba a proceder a la conquista de Perú.

Pizarro reunió fuerzas en España y se llevó consigo a sus hermanos, hermanastros y criados. Esta vez tenía una buena historia que contar, y consiguió un buen par de cientos de hombres y muchos caballos. Desembarcó de nuevo en Perú en 1531.

Esta vez, Pizarro no encontró una cálida bienvenida en Tumbes. Los incas tenían información que les hacía sospechar de los españoles. Pizarro se dirigió a la isla de Puná, en el golfo de Guayaquil, y acampó. Al principio no hubo problemas, pero los intérpretes de Pizarro le advirtieron de que algunos de los jefes de Puná planeaban atacar a los españoles. Esto podía ser cierto o no, pero Pizarro no podía permitirse ignorar el aviso. Interrogó a los jefes, se convenció de que eran culpables y los envió a Tumbes, donde fueron ejecutados.

Al actuar contra los jefes, Pizarro había precipitado la guerra que podría haber evitado. El campamento español fue atacado por miles de guerreros de Puná. Sin embargo, los españoles eran maestros en el uso de la pica. Pizarro alineó a sus piqueros y les ordenó que bajaran sus picas. Los guerreros enemigos se lanzaron de cabeza contra las hojas de acero. Un ataque posterior de la caballería derrotó a los guerreros enemigos.

A continuación, Pizarro planeó cómo tomar el interior. Sin embargo, su fuerza era minúscula comparada con el vasto ejército inca. Aun así, Pizarro tenía dos grandes ventajas: los caballos, que los incas nunca habían visto, y las armas de fuego.

En ese momento, los incas aún eran un pueblo de la Edad de Bronce que iba a la guerra con palos, lanzas, boleadoras y hondas. Sus hondas eran extraordinariamente precisas y destructivas, y las boleadoras podían derribar fácilmente a un caballo enrollándose alrededor de sus patas. Si los incas hubieran estado unidos y hubieran sido capaces de superar el pánico que les producían las armas que no entendían, habrían podido destruir a toda la fuerza de Pizarro. Sin embargo, el miedo a la gente misteriosa (o posiblemente a los dioses) era una gran desventaja.

Pizarro también tenía más ventajas. La primera era un arma tan secreta que incluso Pizarro podría no haberse dado cuenta de que luchaba de su lado: la enfermedad. Huayna Cápac, que estaba en Tomebamba, ya había recibido mensajes del Cuzco de que los nobles incas estaban muriendo de una plaga, al tiempo que escuchaba informes de la llegada de hombres barbudos a la costa ecuatoriana. (Los hombres indígenas andinos rara vez son barbudos, por lo que esto se consideró extraño). La peste también había llegado a Quito.

¿De qué se trataba? Los españoles trajeron consigo varias enfermedades frente a las cuales la población indígena no tenía ni siquiera la inmunidad cualificada que poseían los europeos. La viruela era una de ellas, pero había otras, como el sarampión y el tifus.

La segunda ventaja que tenía Pizarro era que los intentos de Huayna Cápac de cambiar el funcionamiento del imperio habían desestabilizado por completo a los incas. Había hecho del norte de Ecuador una región fronteriza separada con sus propias fuerzas para encabezar nuevos avances hacia el norte, pero esto prácticamente partió el imperio en dos. (Más tarde, esto permitiría a Atahualpa reclamar inicialmente el norte).

Huayna Cápac también desheredó a Huáscar, que seguía en Cuzco, y nombró heredero a Ninan Cuyuchi. Esta última decisión eliminó la única fuente de estabilidad que le quedaba. Y cuando Huayna Cápac enfermó de una de las nuevas enfermedades extranjeras y murió, tras lo cual Ninan Cuyuchi murió también de viruela, el Imperio Incaico se quedó sin Sapa Inca, pero con dos posibles rivales. Estaba el joven e inexperto Huáscar en Cuzco, y estaba el ilegítimo pero curtido en la guerra Atahualpa en el norte. Este fue el comienzo de la guerra civil inca.

Capítulo 11: La guerra civil incaica

La lista de reyes incas sugiere que antes de esta fecha nunca había habido grandes dificultades en la sucesión. Sin embargo, esto da una visión engañosamente simple de la historia incaica. La sucesión parece haber sido disputada con bastante frecuencia. Algunos *auqui* (príncipes herederos) pueden haber sido asesinados o envenenados; el exitoso golpe de Pachacútec podría haber sido igualado por una serie de intentos de golpe de los que no tenemos constancia.

Al parecer, Huayna Cápac fue objeto de un complot de su regente Huallpaya para matarlo y ocupar su lugar como Sapa inca. Afortunadamente, el tío de Huayna Cápac, Huaman Achachi, descubrió el complot, atrajo a los hombres de Huallpaya y los mató cuando atentaron contra la vida de Huayna Cápac. Huallpaya fue ejecutado.

La nobleza inca era reducida, pero estaba dividida en distintas facciones; las *panacas*, en particular, debieron de luchar entre sí por su influencia. Pachacútec quería que las *panacas* unificaran el imperio, pero lo estaban dividiendo en pequeñas tierras de privilegio y conspiración. Así pues, no debemos considerar necesariamente excepcional la guerra civil que estalló; lo *verdaderamente* excepcional fue que los invasores europeos supieran aprovecharse del desorden de los incas.

Como todos los Sapa incas, Huayna Cápac tuvo numerosas esposas y descendencia. Su primera coya fue su hermana mayor, Cusi Rimay, pero no tuvo hijos y parece que murió al principio de su reinado. Luego se casó con otra de sus hermanas completas, Rahua Ocllo. Su hijo Huáscar estaba en Cuzco. El hijo mayor de Huayna Cápac, Ninan Cuyuchi («Agitador de Fuego»), había sido nombrado heredero oficial de Huayna Cápac, pero el nombramiento no había sido confirmado. Además, Ninan Cuyuchi murió casi al mismo tiempo que Huayna Cápac.

Huayna Cápac tuvo un hijo ilegítimo de una concubina, probablemente Tocto Coca. Al igual que Ninan Cuyuchi, Atahualpa fue favorecido por Huayna Cápac y acompañó a su padre en su campaña hacia el norte. Otros hijos suyos fueron Túpac Huallpa (el primer «Inca títere» de la era española), Manco Inca (que más tarde se rebelaría contra los españoles) y Paullu Inca (que se instaló como Sapa inca tras la rebelión de Manco). Esta riqueza de descendencia significaba que era poco probable que el linaje inca se extinguiera, pero también daba lugar a demasiados herederos potencialmente competidores.

A la muerte de Huayna Cápac, Atahualpa y Ninan Cuyuchi estaban con él en Quito, dejando a Huáscar a cargo de Cuzco. Nunca sabremos qué habría pasado si Ninan Cuyuchi hubiera sobrevivido y hubiera podido hacerse cargo del imperio sin oposición; tal vez habría sido capaz de devolver la estabilidad al imperio. En lugar de ello, el imperio empezó a desgarrarse.

El primero en actuar parece haber sido Huáscar. Nombró a sus propios sacerdotes para llevar a cabo su coronación y trajo a su hermana, Chuqui Huipa, desde Quito para poder casarse con ella como su coya. También purgó a los ejecutores del testamento de Huayna Cápac, nombró su propio consejo y erradicó cualquier oposición en Cuzco.

Atahualpa probablemente sospechaba que Huáscar también se volvería contra él. Como líder de las tropas norteñas en Quito, acompañó a la momia de su padre hasta Tomebamba, pero luego se volvió hacia el norte. Fue un acto de deserción sin precedentes.

Atahualpa afirmaba que su padre había dividido el imperio en dos, con capitales en Tomebamba y Cuzco, y que él era el legítimo heredero del norte. Haciendo gala de su pretensión de ser un verdadero Sapa inca, inició inmediatamente la construcción de un palacio real en Tomebamba, que pretendía ser el primer paso para crear su propia *panaca*.

Huáscar se dio cuenta de que tenía que deshacerse de Atahualpa; de lo contrario, estaría en serios problemas. Envió a su embajador Atoc

(Zorro) al norte, y Atoc convenció a los cañari para que se rebelaran. Atentaron contra la vida de Atahualpa, pero no lo consiguieron. Sin embargo, Atahualpa fue capturado y encarcelado en Tomebamba. Consiguió escapar de nuevo, y esta vez, sabía que tenía que vencer a Huáscar o morir.

Atahualpa ya estaba creando su propia mitología. Contó la historia de que Inti se le había aparecido y lo había convertido en serpiente para que pudiera escapar. Es más probable que consiguiera abrir un agujero en la pared con una palanca que una mujer le llevó durante la inevitable borrachera de chicha que siguió a su recaptura. El éxito de este nuevo mito es una advertencia para no confiar en los relatos de este periodo como «historia verdadera». La mayoría de los incas que hablaron con los cronistas españoles habrían estado en uno u otro bando del conflicto y habrían dado la visión desde ese bando. De hecho, los cronistas ni siquiera se ponen de acuerdo sobre quién era la madre de Atahualpa o si nació en Quito o en Cuzco.

Tabla: *¿De quién era hijo Atahualpa y dónde nació?*

Cronista	**Lo que dicen**
Juan de Betanzos	Atahualpa nació en Cuzco de la concubina Palla Coca.
Pedro Cieza de León	Atahualpa nació en Cuzco de una princesa Quilaco.
Pedro Sarmiento de Gamboa	La madre de Atahualpa fue Tocto Coca.
Inca Garcilaso de la Vega	Atahualpa nació en Quito, y su madre era la princesa heredera de Quito.
Felipe Guamán Poma de Ayala	La madre de Atahualpa era Chachapoya.

Cronista	Lo que dicen
Juan de Santa Cruz Pachacuti	La madre de Atahualpa era Tocto Coca, y él nació en Cuzco.
Bernabé Cobo	La madre de Atahualpa era Tocto Coca, y él nació en Cuzco.
Juan de Velasco	Atahualpa nació en Quito, y su madre era una princesa de Quito.

Huáscar ha sido retratado a menudo como un gobernante débil y rencoroso. Betanzos lo muestra como un tirano, pero la esposa de Betanzos había estado casada anteriormente con Atahualpa, por lo que su relato no está exento de prejuicios. Según algunos relatos, Huáscar pudo haber sido un revolucionario. Se lo cita diciendo que las momias reales debían ser destruidas y que las riquezas de las *panacas* debían ser entregadas al Estado.

Pudo tratarse de un arrebato de frustración. Sin duda obligó a muchos nobles a unirse a la causa de Atahualpa. Pero podría haber sido una recomendación seria, especialmente si Huáscar hubiera visto cómo la creciente concentración de poder en manos de las *panacas* y la exigencia de que el siguiente Inca continuara expandiendo el imperio estaban debilitando al Estado[15]. Podría decirse que el Inca necesitaba consolidarse tras las conquistas realizadas por Túpac Inca. Huayna Cápac parece haber pasado tanto tiempo sofocando rebeliones como expandiendo activamente el imperio. La solución de Huáscar, si hubiera tenido tiempo de ponerla en práctica y *si* hubiera ido en serio, podría haber dado una oportunidad al Inca.

Mientras tanto, Huáscar trasladó su cuartel general de su palacio, que formaba parte del recinto de su difunto padre en Haucaypata, a Colcampata, que estaba fuera de la ciudad, ocupando el terreno que había formado el jardín de Manco Cápac. En realidad, los muertos habían expulsado a los vivos; ya no quedaba espacio en Haucaypata para que construyera su propio palacio, puesto que cada centímetro de fachada estaba ocupado por una de las *panacas*.

---

[15] Brundage, Burr Cartwright. *Empire of the Inca*. Pág. 267.

La guerra civil incaica fue inevitable. Fue enormemente costosa en recursos humanos. En la primera batalla, librada en Ambato, murieron unos quince mil hombres; años más tarde, bajo el dominio español, el suelo seguía lleno de huesos. (Al parecer, Atoc murió en esta batalla, y Atahualpa convirtió su cráneo en un vaso dorado para beber). Atahualpa se apoderó rápidamente de Tomebamba y masacró a los cañari que se le opusieron. Luego destruyó la ciudad y arrasó sus murallas, destruyendo así una de las mejores fortalezas del norte.

Huáscar permaneció en Cuzco y envió a su hermanastro y general Huanca Auqui a combatir en su nombre. Huanca Auqui ya había perdido Tomebamba, y continuó su racha perdedora en Cochahuayla. Tenía un punto débil: las levas chachapoyas del lado oriental de los Andes. Y Atahualpa se dio cuenta. Concentrando sus fuerzas en los Chachapoya, Atahualpa derrotó al ejército de Huanca Auqui. Cajamarca ahora estaba abierta a Atahualpa, y trasladó allí su cuartel general.

Atahualpa permaneció en Cajamarca, pero su ejército siguió adelante al mando de los generales Quizquiz y Chalcuchímac. En Jauja, hubo una batalla masiva, y de nuevo, el bando de Huáscar perdió. Mayca Yupanqui, nombrado jefe del ejército por Huáscar en sustitución de Huanca Auqui, fracasó tanto como su predecesor y tuvo que retirarse perseguido por las tropas de Atahualpa. En ese momento, Huáscar decidió abandonar Cuzco y dirigir personalmente su ejército.

Huáscar iba a la zaga, pero en Cotapampa tuvo un repentino cambio de fortuna. Uno de sus jefes de guerra consiguió aislar y destruir la avanzadilla de Atahualpa, y Huáscar pudo mover su ejército hasta el paso de Cotapampa, cerrándole el paso a Atahualpa. Sin embargo, los generales de Atahualpa eran demasiado listos para Huáscar. Preveían que Huáscar emplearía la típica estratagema inca de intentar flanquear al ejército contrario, así que acecharon a las partidas de flanqueo, las mataron y luego tendieron una emboscada. Cuando el centro de Huáscar atacó, encontró enemigos a ambos lados. Huáscar huyó hacia Cuzco, pero el camino hacia Cuzco estaba ahora abierto para el ejército de Atahualpa.

Quizquiz tomó posesión de Cuzco e inmediatamente comenzó una purga de los partidarios de Huáscar. Huanca Auqui y sus hombres, junto con los sacerdotes que habían coronado a Huáscar, fueron inmediatamente eliminados. Se arrojaron piedras sobre sus espaldas, mutilándolos, pero no matándolos, que era el castigo por delitos comunes y una forma inmensamente irrespetuosa de tratar a los incas de pura sangre. Atahualpa mandó desde Cota Pampa, su cuartel general en el norte, matar a todos los parientes y partidarios de Huáscar, incluidos sus ochenta hijos y las concubinas que estuvieran embarazadas. Dos de sus hermanas, madres de sus hijos, también fueron asesinadas. Treinta de sus hermanos fueron masacrados, y Huáscar fue obligado a presenciar el acto.

Como Huáscar había estado vinculado a la *panaca* de su abuelo Túpac Inca, los miembros de esa casa también fueron asesinados, y la momia de Túpac Inca fue sacada y quemada. Atahualpa prácticamente había extinguido la línea legítima. Quizquiz también había hecho exactamente lo que Huáscar había dicho, destruyendo la momia y la *panaca* de un Sapa inca. Todos los quipus de Huáscar fueron quemados, destruyendo todo recuerdo de su gobierno (o, al menos, eso debió esperar Quizquiz) y destruyendo también la maquinaria por la que se regía el imperio.

Esta masacre de gran parte de la clase dirigente, junto con la destrucción de ingentes cantidades de datos, privó al imperio de gran parte de su capacidad administrativa. Atahualpa había exterminado a la oposición a su gobierno, pero también había facilitado mucho la tarea de Pizarro. La invencible maquinaria bélica inca se desmoronaba.

Capítulo 12: La muerte de Atahualpa

Atahualpa se había convertido en Sapa inca, pero seguía en el norte, en Cajamarca. Probablemente estaba haciendo planes para dirigirse a Cuzco para ser coronado, pero nunca tuvo la oportunidad.

Pizarro llevó sus tropas tierra adentro y se acercó a Cajamarca. Parece que Atahualpa no creía tener nada que temer de la pequeña banda española. Tenía ochenta mil hombres acampados fuera de la ciudad, y Pizarro tenía un par de cientos de hombres en total. Atahualpa quizás atrajo deliberadamente a Pizarro a las montañas, con la esperanza de sorprender al español en algún momento, pero hasta entonces, Pizarro no había supuesto ninguna amenaza. Por lo demás, Atahualpa estaba desastrosamente confiado y había decidido que no necesitaba defender los pasos contra esta banda de hombres. Si hubiera hecho frente en cualquier lugar a lo largo de la ruta de Pizarro, el Inca seguramente habría ganado.

Pizarro estaba en un aprieto. No podía retroceder, no podía avanzar y estaba rodeado de fuerzas superiores. Decidió apostarlo todo a un tiro de dados. El viernes 11 de noviembre de 1532, llegó a Cajamarca. La ciudad estaba casi vacía, la mayoría de los incas se habían unido a las fuerzas de Atahualpa. Pizarro invitó a Atahualpa a reunirse con él.

Atahualpa esperó a que anocheciera. Al parecer, muchos de los incas creían que los caballos no funcionaban por la noche, ya que nunca los habían visto moverse tras la puesta de sol. Se llevó a siete mil de sus tropas, pero solo las armó con hachas de batalla ceremoniales y pequeños cuchillos. Sus ayudantes iban ricamente vestidos y Atahualpa era transportado en una litera. Evidentemente, esperaba que las tácticas que habían funcionado para Huayna Cápac en Jauja funcionaran para él ahora: impresionar al enemigo con la civilización, la riqueza y la generosidad de su pueblo para ganárselo.

Por desgracia, los españoles tenían otros planes. Muchos de ellos se habían escondido en los estrechos callejones que rodeaban el espacio abierto de la plaza principal o en el interior de los edificios. También se habían escondido cuatro pequeños cañones en el interior de un pequeño edificio. Y allí, los españoles esperaban en completo silencio, algunos de ellos aterrorizados por lo que podría convertirse en su última batalla.

Cuando llegaron los incas, la ciudad parecía vacía. Entonces el fray Vicente de Valverde, el sacerdote español, salió de uno de los edificios con un intérprete. Se acercó a Atahualpa y le exigió que aceptara el catolicismo y a Carlos V de España como su gobernante. Atahualpa probablemente nunca iba a aceptar estas condiciones, pero al parecer, hubo alguna discusión sobre lo que significaban ciertos términos. Entonces, según algunos relatos, el Fray Vicente entregó a Atahualpa una Biblia, que el gobernante inca tiró al suelo.

En ese momento, los cañones empezaron a disparar. Fue la señal para que las fuerzas ocultas españolas se lanzaran al ataque. Las salidas de la plaza estaban bloqueadas, y los incas experimentaron dos cosas que nunca habían visto antes: un ataque de caballería y disparos. Atahualpa permaneció inmóvil mientras la carga se lanzaba directamente contra él.

Esa noche murieron en Cajamarca entre dos mil y tres mil guerreros incas. Atahualpa estuvo a punto de morir, pero Pizarro se dio cuenta de su utilidad como rehén, así que bloqueó el ataque contra él de otro soldado, resultando herido en el proceso. Algunos supervivientes lograron salir de Cajamarca derribando parte de las murallas.

* * *

El relato de Titu Cusi Yupanqui, hijo de Manco Cápac II, fue ligeramente diferente. Según él, Atahualpa había recibido a dos de los españoles algún tiempo antes de la batalla de Cajamarca, cuando las relaciones aún eran amistosas. (Es interesante que Titu Cusi los llame «dos Viracochas», refiriéndose a la idea de que los españoles representaban el regreso del dios creador ausente de su retiro bajo el mar).

Atahualpa ofreció a Pizarro y a su compañero Hernando de Soto una copa que contenía chicha. Para los incas, la chicha era una bebida ceremonial y a menudo una ofrenda sacrificial; era, por así decirlo, sagrada, tan sagrada como la Biblia que Atahualpa había arrojado al suelo. Estaba claro que los españoles no habían encontrado nada tan repugnante como esta cerveza y la tiraron. Esta acción fue un insulto espantoso.

Según Titu Cusi, en esta reunión, uno de los españoles intentó darle a Atahualpa «un escrito», que según ellos era la palabra de Dios y del rey español. Recordemos que los incas no sabían leer ni escribir, por lo que Atahualpa no podría haber entendido lo que debía hacer con el papel. Titu Cusi, que fue bautizado en la Iglesia católica como don Diego de Castro, entendía lo que representaba la escritura, pero no especificaba la naturaleza del texto.

Titu Cusi dice que el tiroteo en Cajamarca empezó cuando Atahualpa gritó: «Si tú me faltas al respeto, yo te faltaré al respeto».

* * *

Ahora que Pizarro tenía a Atahualpa en sus manos, el ejército Inca restante simplemente se deshizo. Habían visto a menos de doscientos hombres matar a su Sapa inca y a sus guardaespaldas; sin duda algunos de ellos creían que los «Viracochas» eran en realidad dioses de algún tipo. Los incas tampoco tenían líder. Debían de sentirse impotentes.

Pizarro vio su oportunidad de obtener riquezas. Tenía en su poder a un emperador que poseía una inmensa riqueza, así que exigió un rescate. Pizarro dijo que permitiría irse a Atahualpa en cuanto llenara una habitación una vez con oro y dos veces con plata. El antropólogo Gordon McEwan calcula que había 13.420 libras de oro y 26.000 libras de plata; solo el oro valdría hoy 230 millones de dólares[16]. Esta bien puede ser la razón por la que Coricancha fue despojado de su revestimiento de oro.

No siempre es fácil averiguar el orden exacto en que suceden las cosas. Lo que sí se sabe es que Atahualpa ordenó el asesinato de Huáscar, tal vez pensando que Huáscar podría pagar a Pizarro algo más que el rescate. ¿Y quién sabe lo que Huáscar haría una vez que tuviera

---

[16] McEwan, Gordon F. *The Inca: New Perspectives*. Pág. 21.

en sus manos a su rival? Pero un relato dice que Atahualpa ya había planteado la cuestión a Pizarro, diciéndole que uno de sus hombres había matado a Huáscar contra sus órdenes. Pizarro tranquilizó a Atahualpa diciéndole que esto no cambiaría nada en el contrato entre ellos, dándole a Atahualpa plena seguridad de que podía asesinar a Huáscar impunemente, y así dio la orden, que se llevó a cabo en Cuzco.

Sin embargo, matar a su rival no le sirvió de nada a Atahualpa. Es posible que Pizarro nunca tuviera la intención de liberar al Inca encarcelado una vez que consiguiera el rescate. También es posible que Pizarro quisiera salir rápidamente de Cajamarca porque Almagro, que se había quedado atrás, ya había llegado, y Almagro quería parte del botín. Almagro abogó por matar rápidamente a Atahualpa, y aunque Hernando Pizarro (hermano de Francisco) y Hernando de Soto querían salvar la vida del Inca, fueron desautorizados. También hubo acusaciones de que Atahualpa, aunque prisionero, había estado reuniendo ejércitos para atacar a los españoles a través de intermediarios. Cualquiera que fuese la razón, Atahualpa estaba condenado.

Pero había que dar a su asesinato algún tipo de legitimidad. Se convocó un tribunal ilegal y Atahualpa fue acusado de asesinato (de Huáscar), idolatría y rebelión contra el dominio español. Fue condenado a la hoguera.

En una sociedad en la que los muertos eran objeto de atenciones y respeto, este era un destino espantoso. Si Atahualpa era quemado, no tendría momia y no disfrutaría de los beneficios de su siguiente etapa de existencia. Se le dijo que, si se convertía al catolicismo, podría ser garroteado a cambio, lo que significaba que su cuerpo sobreviviría. Fue bautizado por fray Vicente de Valverde y recibió el nombre de Francisco en honor de Pizarro.

Don Francisco Atahualpa fue ejecutado el 26 de julio de 1533.

***

Después de Atahualpa, el imperio se desmoronó. Un problema importante fue el hecho de que la iniciativa no era recompensada en el Imperio incaico. Era una sociedad en la que hacer el trabajo que se requería en el papel que a uno le habían asignado era la regla de oro. Sin el Sapa inca para dar instrucciones, no quedaba nada.

Algunos de los súbditos apoyaron voluntariamente a los españoles. Tanto Huáscar como Atahualpa probablemente se habrían sorprendido de la enorme cantidad de odio que muchos de sus súbditos sentían por el Inca. Mientras que en los primeros tiempos del imperio los súbditos se beneficiaban en general de una cierta reciprocidad, dando su trabajo como tributo, pero recibiendo a cambio telas, alimentos cuando la cosecha fracasaba y seguridad, bajo Huayna Cápac (y quizá incluso antes), el imperio había ido exigiendo cada vez más y entregando cada vez menos. Antes de la llegada de Pizarro, el imperio ya estaba, en cierta medida, quebrado.

Algunos caudillos individuales se aprovecharon de la fragmentación del imperio. Rumiñahui («Rostro de Piedra»), uno de los generales de Atahualpa, dirigió una resistencia en el norte durante dos años, pero finalmente fue capturado. Sin embargo, antes de ser capturado, escondió todos los tesoros de Quito y mató a las *aclla* que se negaron a escapar para que no fueran apresadas por los españoles. También prendió fuego a Quito. Los españoles, naturalmente, eran los más interesados en el tesoro escondido, pero, aunque torturaron a Rumiñahui, nunca reveló su secreto.

Quizquiz, el general de confianza de Atahualpa, condujo a sus tropas a la seguridad de las montañas, pero los frágiles lazos que mantenían unido al ejército se rompieron y sus tropas, argumentando que era época de siembra y que necesitaban volver a casa, lo mataron y desaparecieron.

Capítulo 13: La última batalla de los incas

Pizarro pensó que necesitaba un Inca títere para gobernar el imperio. Simplemente no tenía los recursos para administrarlo, y debía ser consciente de que seguía jugando un gigantesco juego de confianza. No podía permitirse que se descubriera su farol.

Afortunadamente, Huayna Cápac había sido un procreador muy prolífico, por lo que había un montón de candidatos. En primer lugar, Pizarro hizo consagrar a Túpac Huallpa como Sapa inca. Todas las ceremonias se llevaron a cabo en un intento de legitimar al gobernante títere. Sin embargo, Túpac Huallpa murió a los pocos meses.

No obstante, Túpac Huallpa desempeñó un papel importante en la historia incaica, aunque de forma indirecta. Tuvo al menos cuatro hijos, uno de los cuales fue Palla Chimpu Ocllo. Fue bautizada como Isabel, se casó con un español y fue la madre del Inca Garcilaso de la Vega, que emigró a España y escribió una de las crónicas más conocidas del Imperio incaico.

Tras la muerte de Túpac Inca, apareció otro hijo de Huayna Cápac: Manco Inca Yupanqui. Este hermanastro de Huáscar había logrado escapar de las masacres ordenadas por Atahualpa y fue coronado en Cuzco.

Almagro y Pizarro se repartieron el país. Almagro se apoderó de Cuzco y Pizarro del norte de Perú. Pero Almagro había emprendido una expedición hacia el sur, a Chile; mientras tanto, Pizarro y su gente saquearon Cuzco, pensando que Manco Inca no se interpondría en su camino.

Sin embargo, Manco Inca no era la marioneta que Pizarro quería. En 1535, intentó escapar de Cuzco, pero fue capturado y encarcelado. Estúpidamente, los hermanos menores de Pizarro, Gonzalo y Juan, a quienes había dejado a cargo de Cuzco mientras perseguían a los restos del ejército inca en otros lugares, decidieron que sería una buena idea enviar a Manco Inca a recuperar una estatua dorada de Huayna Cápac de su hacienda en el valle de Yucay con solo un par de hombres para cuidarlo. Una vez más, el oro había vuelto locos a los españoles. Manco Inca volvió a escapar fácilmente, y esta vez no fue recapturado.

Manco Cápac II, como llegó a ser llamado por algunos de sus seguidores, reunió fácilmente un gran número de tropas. En 1536 sitió Cuzco. El asedio duró diez meses. Manco Inca pudo haber tenido bajo su mando entre 40.000 y 200.000 incas contra 180 defensores españoles.

Los incas se apoderaron primero de la enorme fortaleza de Sacsayhuamán, en lo alto de Cuzco, una posición bien fortificada desde la que podían lanzar ataques contra la ciudad. Las pendientes eran muy pronunciadas, por lo que los españoles no podían utilizar una de sus principales ventajas, la caballería, ya que los caballos no podían hacer frente al terreno. Los incas utilizaron hondas para lanzar proyectiles incendiarios contra la ciudad, que prendieron fuego a los tejados de paja de las casas. El fuego se propagó rápidamente. Las salidas de la caballería por la llanura que rodeaba la ciudad se encontraron con bolas que enredaban las patas de los caballos.

Al mismo tiempo, Manco Inca envió a Quizu Yupanqui a marchar sobre Lima, la capital recién fundada. Los españoles enviaron varias partidas de rescate desde Lima para intentar liberar Cuzco, pero cuatro fueron capturadas y destruidas por Quizu Yupanqui, y la quinta se retiró antes de que pudiera llegar hasta ellas. Quizu Yupanqui recibió entonces la orden de atacar Lima.

Lima no era el blanco fácil que Manco Inca pensaba. Había muy pocos españoles allí, quizá unos quinientos, frente a una fuerte fuerza inca, pero los españoles contaban con la ayuda de más de cuatro mil *curacas* y siervos indígenas, incluidos huancas y otras tribus que se resistían al dominio inca. Muchos de ellos habían sido equipados con espadas. Además, mientras que Manco Inca y Quizu Yupanqui eran expertos en utilizar estratégicamente el terreno montañoso, los alrededores de Lima eran en gran parte llanos. Esto dio a la caballería española una gran ventaja.

El asedio duró seis días, en los que Lima estuvo casi completamente rodeada por las tropas incas. Al sexto día, Quizu Yupanqui se impacientó y decidió asaltar la ciudad. Los españoles, que estaban montados en sus corceles y esperaban dentro de la ciudad, dejaron que los incas salieran a las calles y luego cargaron contra ellos. Las tropas de Quizu Yupanqui fueron derrotadas y, al ver esto, los capitanes que le quedaban huyeron.

Los arqueólogos peruanos Guillermo Cock y Elena Goycochea excavaron cadáveres en un cementerio cercano a Lima que habían sido enterrados sin los habituales envoltorios incas y presentaban evidencias de heridas violentas, incluido un disparo. También había indicios de traumatismo por armas contundentes, como mazas y garrotes, que habrían utilizado los defensores indígenas[17].

A pesar de la falta de ayuda de Lima, Cuzco resistió. Finalmente, los españoles reconquistaron Sacsayhuamán, primero distrayendo a muchos de los defensores con una fingida «huida» de la caballería hacia Lima y luego organizando un ataque nocturno con escalas. Esto alivió la presión, y después de diez meses de lucha inconclusa, Manco Inca se retiró a Ollantaytambo y luego a Vilcabamba. Aquí estableció lo que se denomina el estado neoinca, defendido no tanto por su ejército como por la gran dificultad del terreno. (Hiram Bingham, por cierto, pensaba que Machu Picchu era la capital de Manco Inca. Sin embargo, resultó no ser así).

Mientras tanto, Pizarro encontró a otro hijo de Huayna Cápac, Paullu Inca, y lo instaló como gobernante títere. Paullu se convirtió al catolicismo y su hijo, Carlos Inca, se hispanizó por completo.

Pero los Pizarro habían saqueado completamente Cuzco, que debía ser dominio de Almagro. Pronto los españoles se vieron inmersos en una guerra civil entre los partidarios de Almagro y los de Pizarro. Almagro y Francisco Pizarro murieron como consecuencia directa del conflicto. Esto, unido al pequeño tamaño de las fuerzas españolas, dio a Manco Inca una segunda oportunidad. Pero mientras que en 1536 había decidido llevar a cabo un gran asedio, en 1537 decidió en su lugar

---

[17] Wilford, John Noble. "New World's first gunshot victim is uncovered in Peru". New York Times, 19 de junio de 2007.

emprender lo que hoy llamaríamos una guerra de guerrillas. Pequeños grupos de españoles que viajaban por Perú fueron atacados y asesinados, y guarniciones aisladas fueron atacadas por fuerzas locales leales al estado neoinca. No había un gran ejército al que los españoles pudieran perseguir; las guerrillas se fundían en las montañas.

Sin embargo, aunque Perú se convirtió en un lugar cada vez más peligroso y el número de muertos siguió aumentando, Manco Inca no pudo lograr ningún éxito importante.

El estado neoinca parece haber prosperado en su pequeño enclave, hasta el punto de que varios forajidos españoles que habían caído en desgracia se dirigieron a Vilcabamba. Manco Inca les dio refugio al enterarse de que varios de ellos habían participado en el asesinato de Francisco Pizarro. Pizarro había secuestrado, torturado y asesinado a la hermana-esposa de Manco Inca, Cura Ocllo; ahora, Manco Inca podía mostrar su gratitud a los hombres que habían matado al asesino de su esposa.

Sin embargo, aquello resultó ser un error. Un día, un español estaba jugando a las herraduras con Manco Inca y discutió con él. El español cogió una herradura y golpeó con ella la cabeza de Manco Inca. Una versión alternativa es que los españoles conspiraron para asesinar a Manco Inca, con la esperanza de que las autoridades españolas los indultaran como recompensa.

Su traición no dio resultado. Fueron capturados y asesinados por los soldados incas.

Manco Inca había sido un hombre visionario. Por ejemplo, planeó adiestrar a sus hombres en los métodos españoles de lucha con armas de fuego, armaduras y espadas. Sin embargo, tras su muerte, el entrenamiento fue abandonado.

Sayri Túpac, hijo de Manco Inca, asumió el título de Sapa inca en 1544. Solo tenía nueve años y reinaba con la ayuda de regentes. Los españoles, ahora con un virrey instalado en Lima, vieron la oportunidad de asegurar la paz. A Sayri Túpac le ofrecieron propiedades en Cuzco y un estilo de vida privilegiado si estaba dispuesto a abandonar Vilcabamba. Aceptó y ya se estaba preparando para trasladarse cuando Paullu Inca (el otro Sapa inca respaldado por los españoles) murió repentinamente. Al enterarse, Sayri Túpac se lo pensó mejor.

En 1556 se le hizo otra oferta. Finalmente, accedió a abandonar Vilcabamba, convertirse al catolicismo y aceptar una hacienda en el valle de Yucay. Don Diego, como se lo conocía ahora, recibió una dispensa especial del papa para casarse con su hermana y se dedicó a la vida doméstica en los paisajes más agradables y verdes que ofrecía Perú. Pero murió a los veinte años, en 1561. Los rumores dicen que fue envenenado.

Su hermanastro, Titu Cusi Yupanqui, se hizo con el trono en Vilcabamba y vivió del bandolerismo durante un tiempo, aunque finalmente negoció la paz y se hizo católico. Es una figura especialmente interesante porque narró la historia de la invasión española, el asesinato de su padre y su propia vida al misionero español fray Marcos García.

Titu Cusi murió en 1571, al parecer de neumonía. Sin embargo, los incas estaban convencidos de que había sido envenenado. Su escriba, Martín Pando, fue capturado e inmediatamente asesinado. El fraile agustino Diego Ortiz fue mantenido con vida durante un tiempo, pero finalmente también fue ejecutado.

Esto dejó a Túpac Amaru, otro hijo de Manco Inca, como el nuevo Sapa inca. No se había convertido. Titu Cusi lo había nombrado guardián de la momia de Manco Inca y había vivido en el templo de Vilcabamba. Por lo tanto, no tenía experiencia en la guerra ni en la política. Esto fue tanto más grave cuanto que tuvo que vérselas con un nuevo virrey, Francisco de Toledo, conde de Oropesa, que era mucho más estricto que los anteriores e introdujo nuevas políticas. Toledo inició las *reducciones*, el proceso de trasladar a los súbditos incas de sus campos a ciudades de nueva construcción.

De Toledo debió de considerar intolerable la existencia del estado neoinca. Los españoles no podían estar seguros mientras siguiera existiendo. Pero necesitaba una excusa para actuar, y se la dio uno de los capitanes de Túpac Amaru. Los españoles enviaron dos embajadores a negociar con Titu Cusi, cuya noticia de la muerte aún no había llegado a Lima. Ambos fueron asesinados en la frontera del territorio de Vilcabamba. De Toledo declaró la guerra en 1572. Vilcabamba fue sitiada.

Manco Inca había sido lo bastante inteligente como para impedir que los españoles cruzaran el río y se adentraran en territorio de Vilcabamba. Túpac Amaru no tenía gran experiencia militar, por lo que fue menos prudente. Pero estaba en una posición ganadora, ya que sus tropas estaban todas dentro de Vilcabamba mientras que los españoles estaban al otro lado de un puente de cuerda tan estrecho que solo podía pasar un hombre a la vez. Todo lo que el Inca tenía que hacer era esperar y eliminar a los atacantes uno a uno.

Sin embargo, los españoles llevaban un pequeño cañón y abrieron fuego. Al parecer, esto aterrorizó a los incas y Túpac Amaru huyó con sus tropas a la selva, pero dejó el puente intacto. Esto permitió a los españoles acceder a los dominios neoincas. Finalmente, Túpac Amaru fue encontrado y persuadido para que se rindiera tras prometerle que no sufriría ningún daño.

Por supuesto, esto era mentira. Túpac Amaru fue juzgado, acusado de ordenar el asesinato de los sacerdotes tras la muerte de Titu Cusi y condenado a ser decapitado. Algunos autores afirman que aceptó el bautismo antes de su ejecución, pero sus últimas palabras no lo confirman. Según el arqueólogo James Q. Jacobs, las últimas palabras de Túpac Amaru desde el cadalso fueron «Collanan Pachacamac ricuy auccacuna yahuarniy hichcascancuta», una apelación directa al creador: «Sé testigo de cómo mis enemigos derraman mi sangre».

La cabeza de Túpac Amaru fue clavada en una pica por los españoles. Sin embargo, no esperaban lo que ocurrió a continuación: los incas empezaron a venerarla. Hubo que descolgarla rápidamente y enterrarla con el cadáver en la iglesia de San Domingo, que se había construido sobre el templo del sol del Coricancha.

Y este fue el fin de los incas. Hasta 1572, la vida había sido muy similar para muchos de los súbditos del Imperio incaico. Continuaron habitando sus aldeas y realizando sus tareas habituales. Los *curacas* de bajo nivel simplemente se convirtieron en capataces de la burocracia colonial.

Pero las cosas cambiaron drásticamente después de esto. España ya había transformado Perú de un estado forajido dirigido por mercenarios a una dependencia española dirigida por virreyes; ahora, había que cambiarlo aún más para adaptarlo al modelo europeo de sociedad. El virrey disolvió las aldeas, creó nuevas ciudades y trasladó a la fuerza a la gente de sus campos a los municipios. Se disolvieron los *ayllus*. Se introdujeron cultivos europeos, así como la caña de azúcar.

Y se quemaron las momias de los antepasados. Las momias de Manco Inca y Titu Cusi fueron traídas de Vilcabamba, y estas junto con las momias que quedaban en Cuzco y todas las *huacas* que sobrevivieron fueron destruidas por la quema. Los incas seguían venerando las momias hasta la década de 1560, pero los españoles eran cada vez más intolerantes. Pero no se trataba solo de la destrucción de una práctica ceremonial, sino de la destrucción de la historia.

Recordemos que la historia incaica se recitaba delante de las momias, manteniendo viva su historia oral. Una vez que los españoles destruyeron las momias y su culto, también destruyeron la principal forma en que los incas guardaban su historia. Efectivamente, habían destruido la identidad Inca.

* * *

Túpac Amaru no fue el último Inca. Su muerte marcó el fin del Imperio incaico, pero no el fin de los incas. El pueblo inca sobrevivió, aunque muchos fueron esclavizados. Otros se convirtieron y se casaron con los españoles.

En 1780, se produjo una extraña nota a pie de página en la historia incaica. José Gabriel Condorcanqui, un líder indígena, era un comerciante ascendente educado por los jesuitas que heredó de su padre el liderazgo de varios pueblos. Los últimos años de la década de 1770 fueron malos para los comerciantes, ya que la sobreproducción hizo bajar los precios y Lima creó un monopolio sobre muchos productos. Los comerciantes empezaron a entrar en quiebra. Las nuevas tasas aduaneras y otros impuestos se llevaban cada vez más beneficios.

Condorcanqui sabía que descendía de sangre real inca. Adoptó el nombre de Túpac Amaru II, en honor a su antepasado, e inició un proceso judicial para el reconocimiento oficial de su linaje, que finalmente le fue denegado. Vio cómo se explotaba a los pobres incas mediante trabajos forzados y la extorsión de los sacerdotes católicos. Apeló una y otra vez en favor de estos desgraciados, pero nadie le hizo caso. Finalmente, decidió que una revolución era la única forma de cambiar las cosas para el pueblo inca, *su* pueblo.

El 4 de noviembre de 1780, el gobernador Antonio de Arriaga asistió a un banquete con, entre otros, Túpac Amaru. Arriaga abandonó la fiesta borracho; fue capturado, y a su esclavo se le concedió el privilegio de ahorcarlo. Tras reunir un ejército de seis mil hombres, Túpac Amaru se dirigió a Cuzco, donde sus hombres saquearon las casas de los españoles y mataron a los que encontraron.

Pero Túpac Amaru no consiguió capturar Cuzco. Pasó demasiado tiempo recorriendo las provincias y formando un ejército más numeroso, cuando debería haber marchado directamente hacia la capital. Al final, dos de sus oficiales se volvieron contra él. Fue condenado a ser ejecutado y tuvo que presenciar la ejecución de su esposa, su hijo, su tío y varios de sus capitanes antes de encontrar la muerte.

El lugar de su ejecución fue Haucaypata, la plaza principal de Cuzco. En este lugar se habían expuesto las momias de sus antepasados y también había sido ejecutado Túpac Amaru I.

Conclusión

El Imperio incaico fue un episodio asombroso de la Historia. De un terreno difícil y poco prometedor y de una cultura tribal a pequeña escala surgió un imperio enorme y extraordinariamente bien administrado, que pasó de ser una ciudad-estado a un imperio en el espacio de solo cien años y luego cayó dramáticamente. Para una cultura prealfabetizada que aún se encontraba en la Edad de Bronce, se trataba de un logro realmente notable.

Mientras que otras civilizaciones de la región, como los huari y los tiahuanaco, habían empezado a desarrollar la agricultura en terrazas, las redes de carreteras y la arquitectura en piedra, los incas llevaron estos avances a un nivel sin precedentes. Uno de los factores que más ayudaron al imperio fue su voluntad de integrar las fortalezas artísticas y tecnológicas de los pueblos que conquistaba. Traer artesanos a Cuzco y desplazar poblaciones por todo el imperio para difundir técnicas agrícolas y nuevas variedades de cultivos aceleró el desarrollo e impulsó la productividad.

Si se tienen en cuenta las culturas anteriores de la misma región, la velocidad con la que crecieron los incas parece aún más excepcional. Tiahuanaco duró seis siglos, al igual que los huari; los moche, siete, y los chimú, casi quinientos. Los incas no superaron los cuatro siglos y, sin embargo, llegaron a dominar un área varias veces mayor que cualquiera de las culturas anteriores. Se podría decir que los incas eran andinos con esteroides.

Sin embargo, el imperio contenía las semillas de su propia destrucción. El sistema de *panacas*, que preservaba el patrimonio personal del Sapa inca y obligaba al nuevo gobernante a construir su propia riqueza mediante la conquista, puso al Estado en una senda de expansión que no podía frenarse ni detenerse. Esto fue responsable del rápido crecimiento inicial del imperio, pero a principios del siglo XVI, el Inca no disponía de recursos suficientes para pacificar e integrar a todos los pueblos recién conquistados. La supresión de las rebeliones requería más tiempo que la conquista propiamente dicha, y el imperio se había hecho demasiado grande para la administración.

La naturaleza clasista del sistema administrativo y el hecho de que los incas de sangre pura fueran minoría provocaron una creciente tensión con los pueblos sometidos. Al mismo tiempo, el sistema de *panacas* generó un creciente faccionalismo entre la nobleza inca. Cuando los españoles llegaron a Sudamérica, el imperio ya mostraba su tensión; tenía que cambiar o hundirse. Francisco Pizarro simplemente inclinó la balanza.

Pero los incas no desaparecieron. Sus tradiciones sobrevivieron en Perú, a pesar de que los españoles intentaron desarraigar todo rastro de religiones nativas. Así, los santuarios de la Virgen María han ocupado a menudo el lugar de una fuente o templo dedicado a la Pachamama o Mama Quilla, por ejemplo, en Copacabana, en el lago Titicaca. Muchos de los santos adoptaron los colores de los dioses incas; por ejemplo, Santiago absorbió muchos de los símbolos del dios del trueno Illapa.

Los incas también lograron otra cosa que cambió la región para siempre. Habían difundido la lengua quechua por una zona enorme. De hecho, puede que esto facilitara mucho el trabajo de los españoles, ya que podían utilizar un único intérprete de quechua en lugar de necesitar varios intérpretes para hablar todas las lenguas locales.

En la actualidad, más de ocho millones de personas hablan quechua en seis países. En 1975 fue declarado lengua oficial en Perú. El ex presidente Evo Morales de Bolivia promovió la enseñanza del quechua y el aimara en las escuelas, y el quechua se utiliza ahora en la educación dentro de Ecuador, Bolivia y Perú.

Aunque muchos otros pueblos indígenas se habían unido a los españoles contra los incas, con el paso del tiempo, los incas se convirtieron en un punto de unión para aquellos que habían sufrido prejuicios e injusticias bajo el dominio español. Muchos nativos que no eran de sangre inca llegaron a identificarse con los incas como gobernantes indígenas que demostraron que era posible que los nativos gobernaran su propia tierra.

Incluso los hispanos han adoptado a veces la coloración inca para proyectos nacionalistas peruanos. Sin embargo, esto suele estar teñido de nostalgia por un teórico pasado inca «puro» y no indica necesariamente ningún respeto por las culturas o pueblos indígenas contemporáneos.

Aun así, como afirma el antropólogo y arqueólogo Michael Malpass, «la cultura inca está muy viva hoy en día»[18]. El tejido sigue siendo una de las principales tradiciones artesanales de la región, y los telares que utilizan los tejedores no han cambiado. Muchos de los patrones siguen recordando a los diseños incas. En algunas zonas, las terrazas incas siguen utilizándose para la agricultura. Algunas se están reconstruyendo, ya que los agricultores locales han empezado a recuperar los métodos tradicionales de cultivo.

Aunque la cocina inca no haya conquistado el mundo (de hecho, si sale a comer en Cuzco, es probable que los restaurantes chinos sean una opción popular), algunos alimentos incas se han dado a conocer a los consumidores de otros lugares como opciones interesantes y saludables. Por ejemplo, la quinoa se ha convertido en una alternativa habitual a otros cereales en ensaladas y sopas. La oca no está muy extendida en los supermercados, pero muchos jardineros cultivan este tubérculo. Y no olvidemos que fueron los agricultores andinos, aunque quizá no los incas, los responsables de que la papa pasara de ser un tubérculo diminuto a un cultivo alimentario viable.

Y, por supuesto, los incas han proporcionado a Perú un fantástico número de atracciones para los turistas. Machu Picchu recibe más de 1,5 millones de visitantes al año; 25.000 excursionistas recorren el Camino del Inca. El éxito del turismo ha dado dolores de cabeza a las autoridades. Ha habido que imponer límites estrictos al número de visitantes para preservar el sitio.

En definitiva, los incas han dejado su impronta en el mundo, aunque no consiguieran que su imperio mantuviera el rumbo.

---

[18] Malpass, Michael A. *Daily Life in the Inca Empire*.

Fechas básicas de la historia incaica

1200	Grabados incas en Cuzco
1230-1260	Posibles fechas para el gobierno de Sinchi Roca.
1290-1320	Posibles fechas para el gobierno de Mayta Cápac.
Principios siglo XV	Los incas de los alrededores de Cuzco derrotan e integran a otros grupos locales.
	Alianza con los lupaca del Titicaca para defender el suroeste.
1438	La tribu Chanca arrebata Cuzco al Inca Viracocha. El Inca Yupanqui retoma Cuzco y se convierte en Pachacútec Inca. Conquista la zona al norte del lago Titicaca.
1460-1463	Túpac Inca (hijo de Pachacútec) conquista las regiones costeras, el norte de Perú y parte de Ecuador.

1471	Muerte de Pachacútec. Inicio del reinado de Túpac Inca. Conquistas en el sur.
1493	Ascensión de Huayna Cápac. El Imperio incaico alcanza su mayor extensión.
1522	Huayna Capac derrota a los caranqui.
1525	Muerte de Huayna Cápac. Ascensión de Huáscar Inca.
1527	Guerra civil entre Huáscar y Atahualpa.
1531	Pizarro toma la isla Puná.
1533	Atahualpa derrota a Huáscar. Los españoles llegan, capturan y matan a Atahualpa. Túpac Huallpa es nombrado gobernante títere de Pizarro.
	Muerte de Túpac Huallpa y sucesión de Manco Inca.
1537	Fracasa la rebelión de Manco Inca.
1560	Las autoridades españolas se llevan a la mayoría de las momias reales, poniendo fin a su culto.
1561	Muerte de Manco Inca Yupanqui.
1563	Muerte de Sayri Túpac.
1570	Llegada de don Francisco de Toledo como virrey.
1571	Muerte de Titu Cusi Yupanqui.
1572	Ejecución de Túpac Amaru, el último Sapa inca. Destrucción de las momias restantes.

1780	Rebelión liderada por Túpac Amaru II (José Gabriel Condorcanqui).
1781	Ejecución de Túpac Amaru II y su esposa, Micaela Bastidas.

Glosario

Aclla: «mujer elegida», niña no inca elegida entre los siete y diez años de edad y entrenada en un acllahuasi. Una aclla podía permanecer en un establecimiento religioso, convertirse en concubina del Inca o ser regalada a un curaca o noble inca. Algunas eran sacrificadas.

Acllahuasi: «casa de aclla», donde las mujeres elegidas recibían formación en tejido, elaboración de chicha y religión.

Amauta: maestro inca

Apu: gobernador a cargo de uno de los cuatro distritos del Imperio incaico.

Auqui: príncipe heredero; también utilizado como parte de los nombres personales incas

Ayllu: clan, forma tradicional de organización social en los Andes.

Bola: pesos atados a cuerdas que se lanzaban a los animales para enredarles las patas.

Cancha: recinto amurallado con cuatro casas alrededor de un patio.

Chasqui: corredor que llevaba mensajes por los caminos como parte de un sistema de relevo, ya sea en forma de quipus o habiendo memorizado el mensaje.

Chullpa: casa funeraria que contenía los cuerpos o momias de los muertos.

Colca: almacén de alimentos y textiles construido a lo largo de los caminos y en los principales centros poblados.

Coya: la hermana-esposa del Sapa inca.

Cumbi: el paño de lana más fino, utilizado frecuentemente como regalo o sacrificio.

Curaca: líder o administrador local.

Huaca: lugar u objeto sagrado. Las huacas podían incluir picos de montañas, manantiales, cuevas, momias ancestrales, talismanes o lugares donde había nacido o muerto un Sapa inca.

Inca: miembro de la tribu inca de Cuzco. También puede utilizarse para referirse al Sapa inca, el gobernante del imperio.

Mallqui: fardo momificado que contenía el cuerpo de un antepasado envuelto en textiles. El cuerpo estaba en posición sentada. Se consideraba que un mallqui seguía «vivo», aunque de forma diferente, y era una huaca u objeto sagrado.

Mamacona: mujer dedicada al servicio de un templo.

Mascapaicha: fleco de lana roja que el Sapa inca llevaba en la frente, signo de su estatus. El Inca utilizaba el término «tomar la Mascapaicha» para describir el acceso de un nuevo Sapa inca.

Mitma: el sistema de desplazamiento de personas. Los incas trasladaban a las familias de un territorio a otro. Esto podía deberse a varias razones, como, por ejemplo, el deseo de transferir habilidades particulares o alejar a personas potencialmente rebeldes de sus tierras tradicionales.

Moiety: los incas dividían las unidades sociales y las ciudades en dos mitades, una superior y otra inferior. Estas a su vez incluían varios ayllus diferentes.

Panaca: el patrimonio de un emperador fallecido que era administrado por sus descendientes. Su función era mantener el cuidado de su momia.

Quechua: lengua hablada por los incas y lengua de administración en el Imperio incaico.

Quipu: método de registro de números y otros datos mediante cuerdas anudadas.

Sapa inca: «Único Inca», el gobernante de los incas.

Sinchi: caudillo.

Suyu: «barrio» del Imperio incaico.

Tambo: casas de descanso construidas a distancias regulares a lo largo de los caminos principales del imperio.

Tahuantinsuyo: la Tierra de los Cuatro Cuartos, el nombre inca para el imperio.

Tucuirícuc: alto funcionario inca.

Tupu: (1) pinza para sujetar ropa; (2) medida de tierra suficiente para alimentar a una pareja sin hijos.

Yachayhuasi: escuela para hombres jóvenes en Cuzco.

Yanacona: sirviente de una hacienda.

Vea más libros escritos por Enthralling History

Bibliografía

Baudin, Louis. *A Socialist Empire: The Inca of Peru*. D Van Nostrand, Princeton, 1961.

Bingham, Hiram. *Inca Land: Explorations in the Highlands of Peru*. 2003.

Bingham, Hiram. *Lost City of the Inca: The Story of Machu Picchu and its Builders*. Phoenix House, London, 1952.

Brundage, Burr Cartwright. *Empire of the Inca (The Civilization of the American Indian Series)*. University of Oklahoma Press, Norman, 1963.

Cobo, Father Bernabe: Hamilton, Roland tr and ed. *History of the Inca Empire: An Account of the Indians' Customs and Their Origin Together with a Treatise on Inca Legends, History and Social Institutions*. University of Texas Press, Austin, 1979.

Conrad, Geoffrey & Demarest, Arthur A. *Religion and Empire: The Dynamics of Aztec and Inca Expansionism*. Cambridge University Press, 1984.

Diamond, Jared. Collapse: *How Societies Choose to Fail or Succeed*. Viking Press, 2005.

Flores Galindo, Alberto. *In Search of an Inca: Identity and Utopia in the Andes*. Cambridge University Press, 2010.

Jacobs, James Q. "Tupac Amaru: The Life, Times and Execution of the Last Inca". http://www.jqjacobs.net/andes/tupac_amaru.html.

Hemming, John. *The Conquest of the Inca*. Harcourt, Brace, Jovanovich, New York, 1970.

Hyslop, John. *Inkawasi the New Cuzco*. British Archaeological Reports, Oxford, 1985.

Kolata, A. (1986). "The Agricultural Foundations of the Tiwanaku State: A

View from the Heartland". American Antiquity, 51(4), 748-762.

Locke, L Leland. "A Peruvian Quipu. Contributions from the Museum of the American Indian". Heye Foundation, volume VII number 5. New York, 1927.

Malpass, Michael A. *Daily Life in the Inca Empire*. Greenwood Press, Westport, CT, 1996.

McEwan, Gordon F. *The Inca: New Perspectives*. ABC Clio, Santa Barbara, 2006.

Mead, Charles W. *The Musical Instruments of the Inca*. 1924.

Murra, John Victor. *The Economic Organization of the Inca State*. 1956.

Niles, Susan A. *The Shape of Inca History: Narrative and Architecture in an Andean Empire*. University of Iowa Press, 1999.

Nordenskiold, Erland. *The Secret of the Peruvian Quipus*. 1925.

Pillsbury, Joanne, Patricia Sarro, James Doyle, and Juliet Wiersema. "Design for Eternity: Architectural Models from the Ancient Americas". New York: Metropolitan Museum of Art, 2015.

Rowe, John Howland. *Inca Culture at the Time of the Spanish Conquest*. US Government Printing Office, 1946.

Silverblatt, Irene. *Moon, Sun, and Witches: Gender Ideologies and Class in Inca and Colonial Peru*. Princeton University Press, 1987.

Somervill, Barbara A. *Great Empires of the Past: Empire of the Inca*. Chelsea House. 2004.

Tributsch, Helmut. "On The Reddish, Glittery Mud the Inca Used for Perfecting Their Stone Masonry". SDRP Journal of Earth Sciences & Environmental Studies 3 (1), 309-323. 2018.

Vecchio, Rick. "Discovery: the Inca Rebellion of 1536". https://www.fertur-travel.com/blog/2009/discovery-the-inca-rebellion-of-1536/.

Wilford, John Noble. "New World's first gunshot victim is uncovered in Peru". New York Times, 19 de junio de 2007.

Wright, Kenneth R, with McEwan, Gordon & Wright, Ruth M. *Tipon: Water Engineering Masterpiece of the Incan Empire*. American Society of Civil Engineers, Reston, VA, 2006.

www.ingramcontent.com/pod-product-compliance
Lightning Source LLC
Chambersburg PA
CBHW070337010526
44107CB00004B/536